U0011391

小資族的

選擇權
加薪術

ACE彭俊睿、許湘庭｜著

時報出版

作者序 1

絕對不讓死薪水，買走我的青春……

　　高中時，我就清楚知道一件事──領死薪水是萬萬不可的！因為我看到我的父母，忠心的為一家公司打拚二十幾年，從年輕做到老，從滿頭黑髮拚到白髮稀疏……，將近五十年的青春歲月，換來的卻是數十年如一日的低廉薪水，這時，我告訴我自己，我絕對不要讓死薪水，買走我的青春。

　　大學畢業時，我告訴自己，若想擺脫領死薪水過一生的桎梏，我眼前只有二條路可走：一是創業做生意，二是開始學習做投資。只是，想做生意就要投入本錢，這我沒有。另外一條路則是投資，但這說來容易，我還是得先學會投資才行。幾經權衡之後，我決定踏進金融保險業工作，主攻儲蓄險、投資型保單，之後再轉戰銀行業，而這三年的工作經歷讓我認識基金投資、債券、股票及期貨等金融商品，而也就從那時開始，正式啟動了我對投資市場的認識。

　　回想當時年少輕狂（其實如今也不算老啦），一心只想成為全職操盤手，於是，我報名去上「期權先生」的投資課程，順便回公司辦離職，正式開始我的「操盤手日常」。雖然自詡對數字特別敏銳，學習操盤技巧也算快，但錯誤的投資方式，加上沒有紀律的風險控管，很快地，三個月過去了，我幾乎賠光所有的積蓄，估計金額至少有 300 萬元，無奈

之下，我只好乖乖回去銀行上班。

回想這 300 萬元，這可是我踏入職場之後存下的第一桶金，短短時間賠光了，我開始懷疑投資這條路對不對？但可貴的是，我幸運地遇見一個交易前輩，他瞬間打通我的盲點，我又重新開始閱讀大量書籍，潛心研究交易，將量化分析跟傳統技術分析做結合，終於找到自己的交易聖盃。

為了證明這套理論是正確的，我再度籌資 10 萬元，開始試著操作選擇權，我永遠記得自己的第一筆交易，因為那是只用 2,500 元的成本，就賺到了一頓下午茶。然後，接下來的幾個月，我持續穩定地獲得為數不算少的被動收入，這時我終於知道，我終於可以堅決地離開職場，並且無須再擔憂是否要回頭了。

有人常問我，為什麼要放棄百萬年薪收入的工作？而我總是不厭其煩地回答大家，因為我想過隨心所欲的自由生活。回想在擔任銀行理財襄理時，看到行內最頂尖的理財經理，資歷十年，年薪二百多萬，卻同樣得為了公事，天天被客戶盯，被主管罵……，想想總覺得意興闌珊。再如業績排行第一名的學姐，即使年薪 600 萬，卻也必須每天加班到深夜，手邊總有接不完的客戶電話，而這不是我想要追求的未來！所以，當我確定自己嫻熟於操作選擇權，賺取生活費時，我馬上把老闆開除，私毫不戀棧當上班族的人生。

奉勸大家，領死薪水真是不可以的事，但即便如此，我們也不能在毫無準備的情況下開除老闆；以我的自身經驗，我建議大家，不妨透過投資選擇權來累積資金，一開始可以先賺取零用錢，累積出第一桶金，

之後開始修練專屬自己打拚的交易模式與經驗，慢慢找出屬於自己的投資聖盃。

有人說，選擇權風險很大，但我覺得，選擇權其實就只是一種投資理財工具，風險永遠會記在不守紀律的投資者身上，就像馬路車多很危險，但真正的危臉，往往發生在不遵守交通規則的駕駛身上。因此，想要用 2,500 元投資選擇權，賺取生活費，最重要的第一課就是紀律。而在我的新書裡，我特地將這個觀念放在第一章來做介紹，理由無非就是因為在投資市場裡，資金就是我們活下來的最大原因，紀律可以保護資金，這是我用 300 萬元換來的慘痛卻寶貴的經驗，絕對值得，也一定要學起來。

我是 ACE，今年 29 歲，目前是全職的操盤手。我雖然年輕，但投資操盤經驗已有七年以上的資歷，年輕對於投資絕對不是問題，有問題的往往是心態，而投資失敗的主因則是沒有紀律的投資，年輕就這麼一回，試著用 2,500 元為自己加薪吧，這是本書要教你的觀念，希望能夠藉此改變大家對投資的想像。

只要掌握好本書的幾個重點，即便你是新手，同樣也能展開人生的第一筆選擇權，最後記得再去更深的鑽研選擇權的理論跟交易策略，先開始再求好。希望本書可以幫想要進入選擇權投資的新手，建立正確的基礎概念跟交易思維，ACE 也在這裡預祝大家交易順利，旗開得勝，最後再多嘴一句，做好風險規劃跟控制永遠是掛在胸前，最重要的金科玉律。

如果有任何問題也歡迎大家搜尋我的粉絲專頁「期權 ACE 榮耀

K 線」，我會持續在此與大家分享交易資訊，若有疑問也可私訊給我，ACE 都會親自回答每個學員的問題。另外，我的 ACE 交易頻道 → YOUTUBE 也是「期權 ACE 榮耀 K 線」，上面也有很多免費的交易教學影片，也歡迎大家上去觀摩學習。

祝福大家投資順利，尋獲財富自主的美好人生！

ACE 彭俊睿

作者序 2

後疫情時代，快跟上趨勢學投資

　　2020 年，新冠肺炎漫延全球，爲了對抗病毒，世界各國紛紛採取鎖國策略來防疫，飛機停飛、禁止外國人入境、餐廳暫停接待只做外賣等；台灣自然也是如此，飯店、餐廳、旅遊景區都沒人，就連台北最熱鬧的西門商圈、信義商圈也是人煙稀少……。

　　過去許多的經濟商業活動被迫停止，衍生出來經濟問題開始產生連鎖效應。台股率先反應，加權指數從 3 月 6 日的 11321.87 點，一路下殺到 3 月 19 日 8681.34 點；旅行團紛紛取消，旅行社開始賠錢度日子；飯店、餐廳沒人上門，開始一間一間裁員關門；中小企業業績下滑，員工被迫放無薪假共度時艱。然而大家有沒有注意到，在這一波疫情中，政府出手援救各產業經濟時，首先救援的是哪個產業？

　　正確答案是股市。

　　國安基金在 3 月 19 日召開臨時委員會議，決議啓動護盤機制，任務就是維護金融市場秩序。隔天，3 月 20 日國安基金進場護盤，加權指數從 8,681.34 點一路漲到 13780 點，不只破了三十年前的歷史高點 12,682 點，還打破萬二魔咒，創下歷史新高。根據統計，國安基金爲了此波護盤，總計啓動了 10 億的資金，成效驚人，而這正是這波疫情下，政府護盤的成果。

同樣的，在這波疫情攪局的時空背景下，政府在 4 月初宣布啓動 1 兆 500 億的紓困方案，只是錢花得再多，旅行社還是一間一間地關門，飯店陸續宣告休業，企業決定裁員放無薪假的趨勢依舊停不下來，這個紓困方案的成效跟啓動護盤救股市相比，實在是天差地遠。

專家一再提醒，像新冠肺炎這樣的疫情，未來還有可能再發生，對此，我們是否都該思考，面對這波疫情的衝擊，自己如何找回賺錢謀生的節奏？想要獲得美好的人生，賺錢自是不能免除的選項之一，而我認爲，跟著趨勢走，就是成功之道。大家端看股神巴菲特在今年 5 月的股東會上宣布清空航空股，公司認賠至少 48% 的損失，這就是他的成功之道，勇於認錯，並且順應趨勢不斷改變。

但是即便如此，你就看出趨勢何在了嗎？

且容我帶領大家看懂趨勢。

疫情紛擾下，政府首先出手救股市，爲什麼？原因就在於這個方法最容易，只要召開國安基金會議，宣布啓動護盤機制，就能拿到資金進場。而資金一旦進場，股市往往便會立即回神，一天見效。若你是政府官員，是否會先救股市？

再者，所需投入資金最少，啓動國安基金進場，不到 10 億便可讓股市重新站上新高點，股民們開心之餘，對於政府的「英明」決策肯定倍加有感，你若在股市裡打滾，這時還會感受到疫情帶來的憂傷嗎？故而若你是政府官員，會不會先救股市？答案已不在話下……

根據統計，臺灣民眾投資股票的比例很高，目前投入股市開戶的股民約有一千多萬人，比起其他產業或科技大廠的員工數，這絕對是最多

人參與的產業。因此，只要股市一漲，電視新聞不斷播放報導，股民絕對有感。股民賺到錢，更加肯定政府政績，也可贏得好感與支持度，所以若你是政府，先救股市絕對是首要之策。

最後是投資股市的工具選項最多，投入資金可大可小，從股市衍生出來的投資工具很多，除了資金量較大的的現貨市場以外，還有日盤、夜盤都可操作的期貨，甚至是以小博大的選擇權、ETF 等，政府不停開放投資工具，為的就是希望讓更多人，無論是大金主或小資族們都能投入，政府最終目的，除了活絡資金市場，最終目的就是藉此賺取更多的稅金收入，國家有錢可以運作，互蒙其利。

總結一句話，想要成功便得跟上趨勢潮流，跟著政府的政策走，肯定不會錯。學習理財投資，操作投資工作，你可以增加被動收入，政府可以增加稅金，景氣還能因此復甦，而這些就是趨勢。

隨著疫情開始降溫，整體大環境邁向另一個新階段，除了堅守在原本的工作崗位上勤奮不懈，你是否已做好跟上趨勢潮流的準備？

一起加油吧！

許湘庭

年輕人都必學的選擇權加薪術

　　學習投資理財，最重要的是簡化複雜的觀念及投資技巧，然後重覆操作就能成為一項謀生工具。而本書所要傳達的就是這樣的理念與方式，讓大家可以快速認識這項衍生性金融商品—操作選擇權。

　　時代在進步，記得在我跨進投資市場的那個年代裡，市場上只有股票這樣投資商品，而且交易時間只有日盤，不像現在可供選擇的投資工具那麼多，遑論交易時間也拉長了……，上述種種無非是代表金融市場已然更加活躍，也能為投資人創造更多機會，只要操作得當，絕對能為大家創造更多的被動收入。只是，想要獲得這份收入，你必須事前經過充份學習與操作演練，再加上時間及經驗的累積，懂得掌握勝利的必備心法，如此一來方能讓這項投資工具成為自己的獲利工具。

　　過去，我們沒有太多資訊可供學習，都是從每一位客戶，每一筆單去實際磨練與操作，有時還得付出漫長時間與慘重代價，才能日漸有功。尚且不論必要時還得花錢買經驗，現在的投資人很幸福，能夠看到湘庭所寫的這本書，讓大家能夠輕鬆且快速進入選擇權的投資領域裡，這就是事半功倍。

　　投資市場很迷人，她會不斷放大，不斷有新的衍生性商品出現，同時，國際金融市場也會更加活絡與龐大，從國內擴展到國外，大家能夠

從操作新台幣再延伸到操作美元、歐元等外國貨幣市場，慢慢地你將會發現，當你擁有這個技能時，你將彷彿擁有一項魔法技能，能夠讓錢變多、變大⋯⋯。

以我自身而言，除了投資股票，我也會投資衍生性商品，像是海外期貨、外匯等，只要待在辦公桌電腦前，看看技術線圖，按一按電腦鍵盤就能下單賺錢，既輕鬆又方便。

湘庭的新書，內容深入淺出，我非常鼓勵年輕人一定要看，尤其是上班族更別錯過，因為選擇權的特性，可讓上班族在固定的薪水收入以外，更可增加一筆收入，絕對值得用心閱讀。尤其書中講到的選擇權價差單策略，更是上班族容易入手的篇章，下單只要 2,500 元，你就能賺到二杯咖啡的利息，既輕鬆又沒有太大壓力，絕對值得花一點時間去學習。

每次受邀去各機關行號演講，我總不忘提醒聽眾們，理財是每個人都要具備的一技之長，愈早學會，你距離成功的人生將愈近，遑論有句話說得非常地道，那就是「你不理財，財不理你」，所以，再次推薦這本好書，千萬不要錯過。

股市四大金釵、捷揚投資董事長｜**葉美麗**

投資理財，最佳的防疫之道

　　湘庭目前是淡江大學博士候選人，媒體出身的她，邏輯及文字能力特別強，加上本身是學企業管理的人才，深具財經背景，故而在撰述《小資族的選擇權加薪術》這本書時，採用的是絕對性的淺顯易懂模式，清楚表達選擇權的原理與操作技巧，保證是一本大家都能輕鬆理解，並且輕鬆上手的工具書。

　　選擇權是近幾年十分流行的金融商品，只是在觀念未能清楚教導與傳授下，坊間許多投資人都無非取得好的投資成果，只能黯然離場……。孰不知，選擇權是非常平易近人的理財工具，既能輕鬆入門，相較於其他的金融投資商品，掌控度高而風險暴露程度也更低，換句話說，就是相對安全的。而本書先以最簡單的方式介紹交易邏輯與流程，再接著介紹交易策略，易懂又易上手，非常值得一看。

　　本書所要傳達的理念是釐清大家對投資理財商品的歧異，尤其是在新冠肺炎疫情的影響之下，大家的生活模式與習慣勢必要做出極大轉變，這種種跡象都在告訴我們，是時候要做改變了。

　　面對疫情，我們無法一手掌控，除了身體上的防疫功夫要做足，你可曾想過賴以維生的收入模式，是否也要進行防疫？你的工作若因為這次疫情，受到影響變得停滯不前，甚至被迫休息，那麼是否便如同罹患

肺炎一樣，所以，工作或收入來源，絕對需要提前做好防疫措施。

　　而工作與收入的防疫考量，其最佳方式就是開闢新的財源收入，而最好最長久的方式就是學習投資理財，尤其坊間可供選擇的商品這麼多，大家合不花點心思去研究選擇，而這才是最佳的防疫之道。

　　我相信這本書一定能讓大家大有收穫，同時，作者在書中再三強調的風險管理，也順勢讓大家建立起停利停損的基本觀念，面對投資市場，我們要以更敬仰的心去面對，時時警惕自己，無時無刻都要不斷接受新知，才能確保立於不敗之地。

淡江大學國際企業管理學系助理教授｜**李永新**

目錄｜CONTENTS

緒論　掌握「改變人生」的選擇權

Round 2　選擇權的基本概念與操作

Round 3　選擇權的吸金模式

選擇權操作實務決勝點

Round 4

多空現貨聽診器—借力使力，做好選擇權

Round 5

緒論 ——

掌握「改變人生」的選擇權

股神巴菲特曾說，「如果你沒辦法在睡覺時也能賺錢，你就會工作到死掉那一天。」

沒錯，要改變人生，我們不要為了錢工作，而是要讓錢為我們工作，操作選擇權投資，就能讓我們睡覺都能賺錢。

該圖片由 Gino Crescoli 在 Pixabay 上發布

1.1

人人都說選擇權很可怕，萬萬碰不得？

我想要用「大家說選擇權很可怕，千萬不要碰」的普遍說法，來做為這本書的開場，你們一定很好奇，這既然是一本教人用 2,500 元投資選擇權成功獲利的書，我卻以此句話做為開場，豈不是嚇跑一票讀者……？

其實，害怕往往是因為不了解真相，一旦真相大白，便能將恐懼化為紀律，待消嚴格遵守，這就是成功獲利的首要之務。

　　台灣的投資人普遍對於投資選擇權有一種恐懼，我想這箇中原因無非是恐於發生在於 2018 年 2 月 6 日的「0206 選擇權大屠殺事件」；記得當時因為美國道瓊指數大跌 1,175 點，創下美股單日最大跌幅，讓隔天開盤的台灣期貨市場也連帶出現肅殺之氣。

　　果然，隔天一開盤，8 點 45 分，台指期以 10,643 點開出，下跌 284 點，跌幅約 2.6%；然而 5 分鐘後，8 點 50 分，開始有 6 檔價外買、賣權「1 秒鐘」拉到漲停……，這時候，因市場價格異常，進而造成選擇權保證金的風險指標，因為代入了異常價格來計算，結果造成嚴重誤導。

　　而誤導的結果就是期貨商開始瘋狂強制平倉，選擇權市場開始陷入大屠殺，原本該是下跌甚至歸零的數十檔價外買權，居然也異常地全數漲停。

　　期貨商以市價把買權價外漲停多檔平倉，而深度價外的賣權也被以市價成交，當天遭到強制平倉的投資人，損失估計高達 40 億元。

很多投資人原本以為可安心收取買權價外的權利金，結果卻是慘遭斷頭，賠光積蓄不說，還被期貨商求償追債，據說有投資人一夕之間負債上億元，悲慘結局真叫人不敢相信。

按理來說，台指期在跌了 284 點時，買權的價外應該歸零，而深度價外的賣權在尚未結算到期前，也不該強制平倉，這當中種種不合理的情況，居然一次發生在台灣金融市場內，記得當時向主管單位提出投訴的案件便有兩百多件。

回顧整個事件，主因是當時的台指期貨動態退單機制，卻未把選擇權納入，造成有心人士利用美股大跌或市場恐慌的情緒發動攻擊，先行掛出高價或漲停價，讓價格出現異常，電腦機制作業下，引起期貨商強制平倉，引發買賣權雙漲停的荒謬現象。

此事件引發後續效應，包括投資人成立自救會告上期貨商，三家期貨商遭到金管局裁罰近百萬元，期交所董事長、總經理下台換人，修改期貨契約等等。「0206 選擇權大屠殺事件」引來國際的關注，至今甚至還有被害人仍在持續向期貨商追討當時的損失。

「0206 選擇權大屠殺事件」屬於有心人士的刻意操作事件，事件過後，期交所也修訂更加完善的因應措施，已讓類似的情況，不可能再發生。那麼，排除了大屠殺的意外事件後，選擇權還有什麼叫人害怕的事呢？

害怕對投資這件事情來說是好的，尤其投資交易來說，因為你會格外戒慎恐懼，多一分的擔心，就會多一分的用心，所以，當我們能夠把害怕轉換成能量，那力量是相當驚人，因此，最好的方法就是了解有什

買權履約價	原價	漲價	賣權履約價	原價	漲價
2 月 11500C	0.1	399	2 月 9500P	1.7	1070
3 月 12300C	1.2	1050	2 月 9800P	1.8	1080
3 月 12400C	11	1050	2 月 9900P	2	1080
3 月 12600C	0.8	1050	2 月 10000P	2.6	1090
			2 月 10100P	3.3	950
			3 月 9600P	54	1100
			3 月 100107P	64	1100

麼害怕的事，想好策略及因應之道，設好停利，最重要是嚴格執行時，你就能安心的操作選擇權。簡單來說，選擇權在投資過程期間所面臨的風險，極有可能就是面臨到損失的投資金額，例如：

（1）**害怕破產**：常聽到這種說法，選擇權會有無量下跌以及傾家蕩產的風險，其實，這種情況並不會發生，筆者在前面談及的「0206 選擇權大屠殺事件」中已經強調，這其實是機制不完善，加上有心人士鑽漏洞方才造成的慘劇，如今法規限制重新擬定，已經很難再發生這種情況，選擇權一樣有漲跌幅的計算，就是以台股加權指數的前一天交易日收盤價的 10% 來計算。所以，還是會有所限制，絕非「無量」。

至於害怕破產這件事，你就得知道，建立交易紀律並且嚴格遵守，這才是正道。所謂「水能載舟，亦能覆舟」，工具的好與壞，端視你如何使用。所以，建立正確的交易心態，是進入選擇權市場最重要的一門課。

（2）**穿價，履約價點數膨脹的風險：**由於選擇權的履約價點數，可能隨著台指期及加權指數的變動，而有所增減，當時間距離愈遠，膨脹的倍數更多，可能一翻就是幾十倍的漲幅。而賣方因為已收取權利金的點數，若遇上穿價時膨漲，就得面臨倍數損失的風險。

因此，面對膨脹的風險壓力，選擇權可利用操作手法上，如架設「價差單」將風險鎖住，損失固定在一個已知範圍內時，就不會感到緊張與擔心，也就不可怕。

（3）**歸零：當你採取的策略**，是付出履約價的點數，來買下履約權利時，一旦時間接近結算，履約價未能達到你的買點時，所付出的權利金將歸零化為烏有，這就是歸零風險。

如同投資股票及其他的金融商品操作，你可以預期自己最多損失多少，自己又能夠承受多少時，損益表了然於胸，那麼選擇權也就沒那麼可怕了吧。

1.2
選擇權的五大優勢

金融市場裡的投資工具很多，股票、現貨、期貨、基金、ETF、外匯等，比比皆是；而獨獨選擇權，有著獨特的優勢，只要了解它，相信你肯定也會愛上它。

投資市場裡，買一支股票最便宜多少錢？就算是零股也要幾百元吧。

而操作選擇權，你相信嗎？買進一口深度價外的履約價，可能只需一百元還有找……。而這一百元有找的投資，甚至有機會為你賺進數百倍的獲利喔。

其實，說起選擇權的特性，大家可能不知道，它之所以吸引人，就是因為它具備以下幾種迷人的特質，讓人對於「小兵立大功」這句話有了更深一層的體悟：

（1）小筆資金也能進場操作

沒錯，選擇權最大特性，就是小資金也能進行操作。如同本書所要傳授的觀念，除了選擇權基本認識外，可以用 2,500 元保證金的價差單來進行投資及風險控管。

在期權市場裡，選擇權在策略運用上，保證金的機制，對於投資人算是相對友善，以期貨來說，台指期大台的保證金，最少要 11 萬元，

就算是小台也要將近 3 萬元，以一個小資上班族來說，投入這筆金額，是不是比較困難？然而選擇權因為不同的投資策略，會有不同的保證金與成本，可多可少，非常靈活。簡單來說，資金充足，有其操作策略方式，小資金也能在選擇權上賺錢，非常的人性化。

所以，小資族要善用這項工具，為自己開拓薪水以外的被動收入。

（2）只需研究大盤方向

當你在投資一支股票時，事前的準備功課很多，從總體經濟、財經時事、公司經營基本面、技術分析、籌碼等，項目繁多。有時花了三天三夜做足的功課，信心滿滿進場，期待因此賺錢，但隔天的一支跌停板，是否就會讓你整個人大抓狂……？

單單想到每次投資一支股票，便得做這麼多功課，你是否也曾自我解嘲「當年讀書都沒那麼認真？」但不說你不信，操作選擇權還真的不需要這麼辛苦。

原因何在？

其實是因為台指選擇權的標的為大盤，就是加權指數，在台灣操作加權指數交易工具就是台指期貨，所以，你要專心研究的對手就是大盤及台指期貨。簡單來說，選擇權及台指期是加權指數所衍生出來的金融商品，而台指期又具有加權指數的先行指標，所以，想要操作選擇權，所要做的功課就是研究大盤的方向。

總括來說，當你要從上千檔的股海裡挑出一支績優股，再研究相關資訊，還不如專心研究大盤指數，做為投資選擇權的基本功課，這是不

是容易許多？再加上大盤指數較難被人操作，所以只要做好做足功課，大盤的指標相對較爲容易也公平一些。

（3）策略靈活，盤勢多空都能操作

不論現在是走多頭或空頭，這在操作選擇權時，都不成問題。不像投資股票，買時希望漲，但萬一買錯了，怎麼辦？

選擇權因爲有買、賣方，看漲看跌都能投資，讓投資人相對在操作上倍感靈活，而只要善用這些工具，有時甚至看錯方向也能賺錢，神奇吧，這就是選擇權的魅力。

（4）無需時時盯盤

細數投資工具，操作期貨、股票當沖時，投資人均得時時盯盤，把握最佳獲利時機點，這對於上班族來說，根本是不可能的事，需知萬一被老闆發現，丟了工作，這下可就毀了。

而選擇權的操作工具有周選及月選兩種，就是每周結算與月結算；更有日盤、夜盤之分，上班族可待下班後再進行研究及下單。而下單後，只要大盤沒有過度波動，甚至還可留待下班後再看盤，非常有彈性。也正因選擇權不用盯盤的特性，眼下已成爲不少上班小資族，工作之餘幫自己加薪的謀財工具。

（5）交易稅比股票更便宜

操作投資工具，賺的就是金融商品的價差，愈多獲利愈好，當然，

我們會希望要付出的成本愈少愈好。以股票來說，賣出時的交易稅，是千分之 3，手續費則是千分之 1.425，所以，隨著股票上漲，稅金與手續費也愈多。

選擇權的交易稅，為千分之 2，至於手續費是固定的，不會因為此筆交易獲利大讓手續費變高，有時券商還會因為交易口數大而調降手續費，讓你的獲利更加可觀。

1.3
好的投資心態是成功的第一步

你是不是想知道,如何才能在投資市場裡安穩生存下去?我的建議是
——建立正確的投資心態,這既是成功的第一步,也是新手投資人最重
要的一課,所以,我特地擺在最前面做說明。

經常有人問我:「為什麼別人投資股票、買期貨都能賺大錢,而我
老是一買就跌,或是總在期貨盤中被大盤巴來巴去,買漲就跌,停損出
場就漲,好像都在跟我做對似的……。」

也有投資新手在第一筆單獲利後,志得意滿地橫衝直撞,沒多久,
資金又全部還給股市,落得被宣判出場的窘境……。「眼見它樓起了,
眼見它樓塌了」,這種故事實在太多了。投資選擇權雖說不困難,但難
就難在心態的掌握上,而這正是大家要修習的重要課題,也是我在此想
跟大家再好好分享一下的心得。

(1)以平常心去面對交易

你一定有過這樣的心情,剛學會投資,無論是股票、期貨甚至是打
麻將,肯定都是興沖沖的,滿腦子都在想著如何投資交易,抱回更多的
獲利。這場麻將才剛結束,你就開始想著下一場麻將,要怎麼贏更多。
有人更嚴重,連睡覺時都夢見麻將……。

這不是笑話,這是百分百真實的故事,我也曾經有過這樣的過渡

期，就像談戀愛一樣，剛開始戀愛時，心心念念的全是她，每分每秒都想看她。但是切記，千萬不要跟你的投資工具談戀愛，那就慘了。舉例來說，跟股票談戀愛，難分難捨是什麼情況？沒錯，就是賠錢捨不得停損。跟期貨談戀愛，又是什麼情況？是的，就是做錯方向卻堅信它一定會回頭而不肯鬆手。所以，散戶投資族總愛唱「我等著你回來～」。

（2）不聽信明牌，要用心做功課

新手上路最喜歡找人討論目前的操作工具，有時問道於盲，看電視理財節目、聽朋友說或看網路消息，各式各樣的資訊都被拿來參考，既造成自己太過混亂，也讓投資失了準則及亂了節奏。

新手，就像個學生，好好修練該有的基本知識，從頭做起，從小練起，千萬不要貪心，一聽到消息便急忙參與深怕來不及上車，錯失賺錢機會。請記住，投資市場不會死，死的通常是你與手上的資金，投資永遠都來得及，問題在於，你準備好了沒？

（3）別被新手運氣沖昏頭

新手好運大家都有過，第一次買股票，第一次打麻將，第一次買樂透，或許都有過勝利的經驗，這時候要是被新手運沖昏頭，可就慘了。新手運靠的是好運氣，常聽到有人說，「算命的說，我很有偏財運！」或者，「我的第六感很靈的！」當然，這些都很好，但問題是，投資不能靠偏財運及第六感呀，所以，無論如何，千萬不要被新手運沖昏頭，一開始投資成功，拿下勝局很好，但是不代表下一次幸運之神還和你站

在一起，所以，好好的去做準備才是最佳因應之道。

（4）穩定的操作心態

新手上路最怕的是心態不穩定，患得患失，一下子隨著股票高漲，欣喜若狂，一下子看到投資標的虧損，難過心疼到吃不下飯，這種患得患失的心情，影響不只是投資，連生活也受到干擾，投資最佳心態是穩住情緒，不隨波逐流，如此才能看清投資真相與內涵，找到專屬的投資心法。

（5）建立停損

投資市場有個理論叫做「鱷魚法則」─假設你的腳被鱷魚咬住了，這時若用手去掙脫，鱷魚便會同時咬住你的手腳。愈掙扎就被咬得越緊。這時，唯一的辦法就是犧牲一隻腳。

投資市場也是如此，當你發現自己這次的交易誤判形勢，背離市場的方向，那就認錯吧，立即設立停損，千萬不要有僥倖心態，因為這樣可能讓你連命都沒有了。

筆者在此提供的幾個重要觀念，即便你是新手，同樣也能展開人生的第一筆選擇權，最後記得再去更深的鑽研選擇權的理論跟交易策略，先開始再求好。希望本書可以幫想要進入選擇權投資的新手，建立正確的基礎概念跟交易思維。請切記，風險規劃跟控制永遠是王道，更是投資成功的不二法門。

Round 2 ——

選擇權的基本概念與操作

選擇權最大的門檻，就在於工具的操作上，需要多一點耐心與邏輯去理解，而坊間的書籍內容，以策略為出發點，問題是，選權權的交易策略多達三十多種以上，新手無法掌握情況下，恐怕更難學習。

因此，本書以圖文並行方式，用最淺顯最容易理解的方式入門，並且教授二個基本的策略，讓你第一次投資選擇權就能上手。

2.1
選擇權的主角們⋯⋯

選擇權是一種衍生性金融商品，對應的標的就是「加權指數」。選擇權就是在玩一個「預測」，就是預測加權指數會漲到那裡？跌到那裡的遊戲。

你相信嗎，你常常在交易選擇權的類似商品？

我們在出國時，都會去加買「旅遊平安保險」，這就是像是選擇權的交易模式；旅客在出國之前，花錢去買了一個假設是 2 百萬的旅遊平安保險，就是擔心旅遊途中出了意外，可以領到保險金，最多的情況是人死了，領回全額的保險賠償金 2 百萬元。

旅客的角色，在選擇權交易中，就像是買方；而保險公司則是賣方；旅客的買方，以小小的保險費用，去與賣方賭會不會有意外發生。萬一真有意外發生，旅客就能依照意外受傷的情況，依程度不同，分別請求保險公司履約，遵守保險保合約內容來支付保險費用。所以擔任賣方角色的保險公司，事先會收取小小的保險費，就是與旅客對賭，會不會有意外。

當然，大家知道，旅遊平安險是以備不時之需，真要領到機會不大，也就是勝算很小，而保險公司也知道，沒事旅客也無法拿著保單來要求履約，所以，收到的保險費用，可全額收入口袋裡。

再舉個例子：

A 先生想要買一瓶可樂，現在是 10 元，但是這瓶可樂在一個月後，可能變成 15 元，所以，A 花了 10 元買下這個交易約定。B 則接受了這個交易約定，收下 10 元，在一個月後，B 必須準備 1 瓶可樂給 A，去履行這個交易合約的約定。

只是一個月後，可能出現的情況，一個是可樂真的漲到 15 元了，所以，A 很開心來要求 B 履行合約，給 A 一瓶價值 15 元的可樂，或是等值的金額。也就是說，A 在這筆交易裡，賺到了 5 元的價差。B 則在這個合約裡賠了 5 元。

另一個情況則是，一個月後可樂壞掉了，東西沒有了，還得再支付處理費 5 元，那麼這時候 A 若是要履行合約，得再多付 5 元，卻沒任何東西可以取回，試問，A 還會去要求履行合約嗎？沒錯，這時候，A 就會放棄合約，僅損失一開始約定的 10 元。

這個例子裡，A 就是買方，須付出權利金，來買下權利，才能在未來獲利時，擁有履約權利，當然，也可以停止更多虧損，選擇不履約，讓權利金認賠。而 B 就是賣方，合約建立時，可收取權利金，但為確保證明自己有履行合約的能力，必須先拿出保證金，等到合約終止時，就能收回保證金，而權利金則成了這筆合約的獲利。

另外，再簡單一個例子：

你認為這塊土地能挖出價值一千萬的黃金，於是你花了一百萬，買下這塊土地的挖掘權利，並約定期限是一個月，於是，地主收取一百萬後，便依進度開始挖金礦，只是一個月後，真的挖出超過一千萬的黃金，你能履行合約，拿走黃金，賺取九百萬的差額。但是，萬一挖不出東西，

若你要繼續履行合約，你必須拿更多的錢來投入挖礦，這時明明知道根本是沒有金礦，當然就會選擇放棄，認賠一百萬元，而地主則是賺取一百萬的權利金。

從上面三個案例，是不是對選擇權有一點點概念；其實，選擇權的交易情況，常在我們生活上發生，例如，下訂金買車子、預售屋、保險、預購演唱會門票等等，你可以選擇要不要去履行合約，若不去履行，損失就是權利金，在選擇權買方上，我們稱為「吃歸零膏」。是不是很有趣，也很好記。

衍生性商品之一，滿足大家的無限希望

時代的進步，讓人類商業行為有了轉變，從古代的以物易物，以東西換東西後，開始有了貨幣的流程，以貨幣來交換商品，貨幣有了其價值性，針對是現貨，一手交錢一手交貨。但是世界科技進步，也帶領人類開始望向未來，預測期許未來能出現什麼，有時可能是豐盛的收穫，也可能一無所獲的失敗。但迷人之處就在於此，雙方交易來買賣一個未來。所以，在商業世界裡，人類開始發展「衍生性商品」，它的英文是Derivatives，說的是衍生工具，這個字帶有推衍、衍生的意思，換言之，它必須由另一個實際的商品，去衍生出來的交易，要有所本。

根據金管會的解釋，「衍生性金融商品係指其價值由利率、匯率、股權、指數、商品、信用事件或其他利益及其組合等所衍生之交易契約，基本的衍生性金融商品包含遠期（Forwards，約定在未來以固定價格購買某項資產）、期貨（Futures）、交換（Swap）及選擇權（Options 有

權利但無義務以約定的價格在未來購買某項資產，例如股票或外幣）等四種。」 全世界交易市場發展出各式各樣的「衍生性商品」，期貨類的包括金融期貨、商品期貨、利率、股票指數、匯率、農產品、金屬、信用、能源等等;而選擇權所對應的實際商品,可以有商品、個股、指數、利率、外匯等等,而近幾年,各國還研究各種不同的對應商品,可說是十分多樣化,可供投資人選擇。

而選擇權是屬於「衍生性商品」，那麼就該進一步了解其特性及特色，也能幫助大家更快速入門。「衍生性商品」是一種契約,目前國際市場依照履約期限的型態，分成「美式」、「歐式」；「美式選擇權」買方有權利在合約到期日之前的任何時間，要求賣方履約；「歐式選擇權」則要求，買方只能在合約到期日當天要求賣方履行合約。在台灣則是屬於歐式,買方須等合約到期日時才能要求履約。

既然是契約，並非是真正的實體商品，所以有其必須包含的項目：

（1）標的指數：也就是代表標的物變數。以台指選擇權來說,標的物指數就是加權指數,也就是選擇權上看得見的「履約價」,這是以台股的加權指數，去依照 100、50 點的區隔,分別對應出一個權利金。所以，加權指數就是台指選擇權的標的指數。

（2）結算日：即然是雙方約定的契約，那就會有到期日，也就是結算日。簡單講，就是雙方約定時間，一手交錢一手交貨，過了結算日，契約就失效。再說清楚一點，我們若買一張股票，只要不賣，就能一直持有，還能每年分股息股利，直到賣出為止，沒有規定的到期日，所以，買股票賠錢不賣叫做住套房，但是，選擇權卻會有每周結算日，所以，

遊戲規則差別很大。

（3）**結算方式：**雙方約定，在結算日當天，一手交錢一手交貨，買車子的結算方式，就是付尾款牽新車，買農作物就是收割農產品；但是，選擇權的結算，則是以盈虧的金額來做為最後結算，並以金錢作為最後收賠。

以台指選擇權而言，對應的指數就是加權指數，所以有個「Ｔ字報表」，中間一排數字稱為「履約價」，分別以「11500、11600、11700、11800⋯⋯12500、12550、12600、12650⋯⋯13050、13100、13150、13200⋯⋯」這些數字，代表的就是雙方約定的「結算日」時，加權指數可能結算的點數。履約價二邊的成交，就是當買賣雙方當初在約定契約時，買方支付給賣方的訂金，所以，到了結算日，就要依照雙方約定的條件，決定要如何履行合約，這就是最後的收賠。

再以一個生活個案來說明，買樂透券時，我們可以用 50 元買一張 539 彩券，等到當期開獎日時，五個號碼全沒中，那麼彩券就成了一張廢紙，但是，若是中了 2 支號碼時，我們可以履行合約，去彩券行換回來 50 元彩金。若是 5 支號全中，也就是中了頭彩 800 萬，這時候必須到彩券公司去領獎，也就是要求彩券公司履行合約。

選擇權幾乎充斥我們的生活周邊，從預購商品、預售屋、樂透彩等等。學習選擇權的概念很容易，只要花一點耐心，去實際認識，並花一點時間去做練習，相信選擇權的優點，可以成為你的加薪工具。

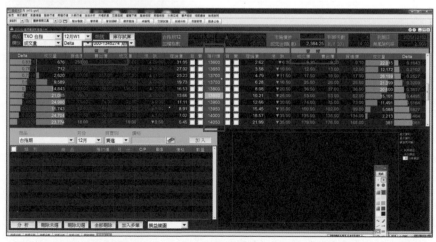

CALL		台指 ▼ 202012W1	PUT	
漲跌	成交	履約價	成交	漲跌
80	310	13550	12.5	37.5
77	268	13600	17	46
63	219	13650	23.5	55.5
53	178	13700	33	65
43	142	13750	45.5	76.5
32	108	13800	62	85
23	80	13850	84	92
15	56	13900	111	103
9.5	38	13950	142	103
5	24.5	14000	176	110
3	16	14050	219	114
0.5	9.1	14100	260	117

手機版介紹的選擇權看盤稱為T字
表,上頭對應的履約價,正是台股
加權指數。
資料來源:凱基證券 App 軟體

電腦版的選擇權看盤介面。

資料來源:凱基證券 App 軟體

選擇權的四大天王：買權 VS. 賣權

　　若用一個比較具體的方式來理解，例如壓骰子的數字，假設今天擲了一個骰子，它可能出現的數字是 1 ～ 6，那你可以把你覺得會出現的數字，放進你想要投資的金額，只要骰子出現你指定的數字，那就贏錢了。而這個遊戲又可以變換不同的玩法，例如：可跟莊家賭單數、雙數，這時各占一半的數字，機率會變高，當然賠率會變少。或者，數字拆成上下二半，1 ～ 3、4 ～ 6 的二半，你可以去抽上或下。

　　相信類似這樣的遊戲，大家都曾在電影或是賭場裡看到，而舉這樣子的例子，就可以讓你更加了解選擇權。因為它就是這樣的一個遊戲，骰子本身就是加權指數。

　　既然標的物是加權指數，就要去了解什麼是加權指數？

　　相信大家對股票的概念比較不陌生，加權指數就是針對每個公司股

票，對於整體台灣市場的影響力，賦予不同的權重係數後，每檔股票乘上權重係數後的數值加總。

所謂「權重」，就像考大學時依報考系所的不同，考生們所注重的科目也將有所差異，在特別須強調的科目上頭，會給予不同系數比重。例如，英文系就是英文 *3，其他科目 *1，然後加總起來就是整個考試成績。通常權值重的股票，可說稍微一動，就影響股市大盤的起落，舉例來講，權值股排名第一的就是台積電，比重達 22.97%，換算下來，台積電股價波動 1 元，大盤影響的加權點數大約 10 點左右，所以，台積電打個噴嚏，台股可要跟著感冒了。

由於台指選擇權與台指期貨，與加權指數連動最密切，一定要去關切其內容。這些資訊大家可以上證交所去查詢，目前股票權重排名的資料。

再來進入選擇權的世界，你可以理解為有兩個鏡像的世界，分別是「買權」一個國家跟「賣權」一個國家。而每一個國家裡都有二種人，一個是奉公守法的好人，叫做「買方」，另一種就是愛唱反調的壞人，叫做「賣方」，而這四個就是組成選擇權交易的四大天王。

在「買權」的國家裡，強調欣欣向榮，只要加權指數進到這個國家來，就是看漲，所以，好人「買方」就是看漲，壞人「賣方」就是看不漲。另外一個國家「賣權」，強調向下沉淪，加權指數進到這個國家來，就是看跌。好人「買方」就是看跌，唱反調壞人「賣方」就是看不跌。

大家有沒有發現，二個國家是反過來，所以才會稱為「鏡像世界」，雖然如此，但是各自有各自的操作，互相不影響。而有了觀念後，就能

正式認識選擇權的世界四大天王:

- 買方(BUY)
- 賣方(SELL)
- 買權(CALL)
- 賣權(PUT)

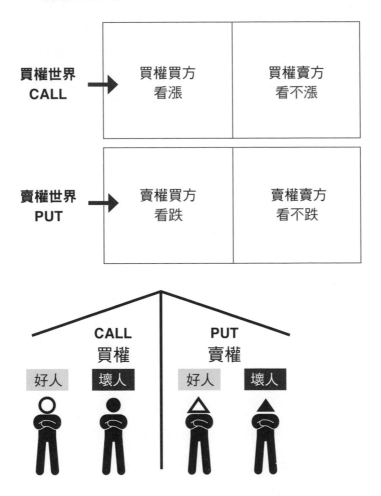

買權英文名字是 CALL，也有人說「可樂」；賣權英文名字是 PUT，也有人稱做葡萄，這可以幫助大家記憶與分辨。

買方 VS. 賣方在 CALL 與 PUT 上頭，各有自己的特色，各有自己的操作模式，由於中文名稱關係，常會讓人搞迷糊，所以在記憶方面，筆者建議大家不妨以英文或戲稱可樂、葡萄來建立觀念。而說起買方特色，主要是有：

1. 賺無限、賠有限，獲利無限大

2. 槓桿倍數大

3. 勝率低

4. 時間價值成本流失

買方就好像賭場的玩家，今天帶了 1 萬塊現金進入賭場賭博，只要玩家夠厲害，就可以用一萬塊本金不斷的獲取勝利，進而賺進倍數獲利，但如果輸了，最多也只輸掉口袋裡的 1 萬元。

在選擇權的交易裡，如果我們要做買方，就必須支付相對應價值的權利金，也就是參與遊戲的籌碼。選擇權因為本金小翻倍速度快，因此被冠上了妖魔化的罪名，其實，只要好好使用策略，我們就可應付這個波動的風險。

另外，在賭場博奕時，我們都知道玩家的勝率總是偏低，大部分獲勝的都是莊家。選擇權也是如此，它是一種零和遊戲，代表有人賺錢就要有人賠錢。還記得專愛唱反調的壞人嗎？其實他就是賣方，也就是莊家。

只是買方的勝率為什麼比較低？主因就在於買方具備的特質是「賺

無限、賠有限，成本低」，這三個條件完完全全符合一般散戶心態，因此大部分做買方的都是散戶，如果散戶都做買方，又有誰甘心做賣方？於是我們所謂的主力，其實等同於莊家，可以控制市場風向、漲跌，因此造成買方在勝率上往往比較偏低，畢竟單就資金來看，散戶就是小孩子，主力才是大人，小孩怎麼可能打得過大人呢？

至於賣方特色，主要是：

1. 賺有限、賠無限，損失無限大。

2. 賣方就是買方的死對頭

3. 勝率高

4. 收取時間價值成本流失

賣方就是賭場的莊家，當買方進入賭場，如果是一個很厲害的玩家，他贏多少你就要照單全賠，賠無限，但是你能贏的，就是他口袋裡全部的錢，這是賺有限。此外，賣方莊家除了贏取本金外，他還可以賺取你的時間價值，而這個時間價值，也可以把他想像成「門票」，在進入這個遊戲前，必須先支付門票費用，所以，一旦時間到期，結算了，若買方的預計目標沒有達到，那麼就只能拍屁股走人，一毛錢也帶不走，所以，賣方的勝率自然相對高一些。如此一來，這對賣方是不是感覺贏面更大一些呢！

欣欣向榮，股市會漲	CALL 買權（可樂）
買方（好人）順應	會漲
賣方（壞人）造反	不會漲

沉淪向下，股市會跌	PUT 賣權（葡萄）
買方（好人）順應	會跌
賣方（壞人）造反	不會跌

選 擇 權 大 講 堂

台灣從 2001 年推出選擇權交易，讓小資族大翻身

選擇權起源於荷蘭，17 世紀初荷蘭人對於鬱金香十分狂愛，花市把價格哄抬到天價，這時商人開始以預訂的方式，買下還沒生長完成的球莖，商人與花農簽定契約，商人付出權利金，約定在某段花季時間，可以以低於市場的合約價格，買進鬱金香球莖，所以，當合約到期時，商人如約付錢買下時，再轉賣進市場，就能賺取價差的獲利，但是花農就可能損失市場增值的獲利。

市場上正式推出選擇權商品，在 1973 年的美國；台灣期貨交易所是在 2001 年 12 月 24 日正始推出台股股價指數選擇權業務。現在台灣的選擇權已經有上百檔的相關商品推出，包括電子指數選擇權、金融指數選擇權、股票選擇權、非金電選擇權、櫃買選擇權、黃金選擇權等，投資標的非常多且靈活，是一種可讓小資族以小資金，賺取薪水之外收入的投資商品，值得好好學習運用。

2.2

選擇權的「交易」技巧

看完上一章的基本介紹，你現在應該對於選擇權世界裡的四大天王——「CALL」及「PUT」有所認識了，真實世界裡既然也有好人、壞人之分，那麼在投資交易市場上，自然也是如此，若再搭配所謂的「交易模式」，加總起來總共是 4 種，分別是：

「CALL」買權—看漲：買進買權（BC）、看不漲：賣出買權（SC）

「PUT」賣權—看跌：買進賣權（BP）、看不跌：賣出賣權（SP）

只是 4 種的交易模式，常讓初學者混淆，所以我們接下來就要幫大家釐清這當中的模糊地帶……。

「CALL」買權—看漲 VS. 看不漲

CALL 買權（看漲 VS. 看不漲）		
看漲—加權指數	買 CALL	買進買權
看不漲—加權指數	賣 CALL	賣出買權

PUT 賣權（看跌 VS. 看不跌）		
看跌—加權指數	買 PUT	買進賣權
看不跌—加權指數	賣 PUT	賣出賣權

（1）BUY CALL 買買權─付錢

從上面的表格可以看出來，選擇權的 CALL，代表看好行情會往上走，就是「加權指數會漲到什麼點數」。搭配 T 字表的「履約價」，應該這樣去思考：

在結算日時，加權指數會不會漲到「13000 的履約價」，現在請你把「13000 的履約價」視為一支股票名稱，會漲，所以去買；而所需付出的價格，就是履約價旁的「成交」下方的點數，點數 1 點等於新台幣 50 元，所以，若參看下表（選擇權四種交易方式表），可以看到 38 點，所以，若你想買下這個 CALL 買權，就須付出 1,900 元。

（2）SELL CALL 賣買權─收錢，押保證金

有人覺得會漲，也有人會覺得不會漲，於是，雙方就成了對賭的局。所以，當你覺得在結算日時，加權指數不會漲到「13000 的履約價」，把「13000 的履約價」視為一支股票名稱，不會漲，所以去放空，去賣，因為是賣東西，所以，可收回賣的錢，就是履約價旁的「成交」下方的點數，從下表（選擇權四種交易方式表）便可以看到 38 點，所以，若你想賣這個 CALL 買權，就可以收到 1,900 元。

這就是當莊家的意思，若想做賣方，想收錢，自然得證明，是個有能力擔負賭局輸贏賠率的莊家，所以，就必須拿出保證金。

CALL 方履約價	會漲 BC	不會漲 SC
加權指數 13000 點	BUY13000 的 CALL	SELL13000 的 CALL
指數會不會漲到 13000 點	因為覺得會漲，所以買 13000 的履約價的買權	因為覺得不會漲，所以賣 13000 的履約價的買權
提醒：因為是看漲與看不漲，都是在操作 CALL「買權」，看漲 BC：買買權；看不漲 SC：賣買權。		

「PUT」賣權─看跌 VS. 看不跌

（3）BUY PUT 買賣權─付錢

選擇權的 PUT，代表看衰行情，會往下跌，就是「加權指數會跌到什麼點數」。搭配 T 字表的「履約價」，應該這樣去思考：

在結算日時，加權指數會不會跌到「12850 的履約價」，現在請你把「12850 的履約價」視為一支股票名稱，會跌，所以去買；而所需付出的價格，就是履約價旁的「成交」下方的點數，點數 1 點等於 50 台幣元，所以，參考上表（選擇權四種交易方式表）可以看到 70 點，所以，若你想買下這個 PUT 賣權，就須付出 3,500 元。

（4）SELL PUT 賣賣權─收錢，押保證金

有人覺得會跌，也有人會覺得不會跌，於是，雙方就成了對賭的局。所以，當你覺得在結算日時，加權指數不會跌到「12850 的履約價」，

把「12850 履約價」視爲一支股票名稱，不會跌，所以去放空，去賣，因爲是賣東西，所以，可收回賣的錢，就是履約價旁的「成交」下方的點數，若參考上表（選擇權四種交易方式表）可以看到 70 點，所以，若你想賣這個 PUT 賣權，就可以收到 3,500 元。

這就是當莊家的意思，若想做賣方，想收錢，自然得證明，是個有能力擔負賭局輸贏賠率的莊家，所以，就必須拿出保證金。

總之，選擇權主要的交易模式有這四種，要進入選擇權的世界，一定要先把這邏輯搞清楚，千萬不能混淆，所以，才會不斷以圖表加說明，不停解釋。

PUT 方履約價	會跌 BP	不會跌 SP
加權指數 12850 點	BUY12850 的 PUT	SELL 12850 的 CALL
指數會不會漲到 13000 點	因為覺得會跌，所以買 12850 履約價的賣權	因為覺得不會跌，所以賣 12850 的履約價的賣權
備註：因為是看跌與看不跌，都是在操作 PUT「賣權」，看跌 BP：買賣權；看不跌 SP：賣賣權。		

選擇權四種交易方式表

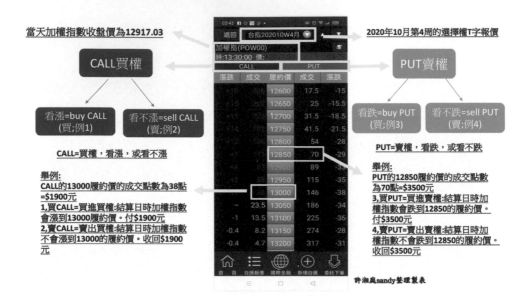

當天加權指數收盤價為12917.03

CALL買權

看漲=buy CALL
(買;例1)

看不漲=sell CALL
(賣;例2)

CALL=買權，看漲，或看不漲

舉例:
CALL的13000履約價的成交點數為38點
=$1900元
1,買CALL=買進買權:結算日時加權指數
會漲到13000履約價。付$1900元
2,賣CALL=賣出買權:結算日時加權指數
不會漲到13000的履約價。收回$1900
元

2020年10月第4周的選擇權T字報價

PUT賣權

看跌=buy PUT
(買;例3)

看不跌=sell PUT
(賣;例4)

PUT=賣權，看跌，或看不跌

舉例:
PUT的12850履約價的成交點數
為70點=$3500元
3,買PUT=買進賣權:結算日時加
權指數會跌到12850的履約價。
付$3500元
4,賣PUT=賣出賣權:結算日時加
權指數不會跌到12850的履約價。
收回$3500元

許湘庭sandy整理製表

選 擇 權 大 講 堂

　　回想當初學習選擇權時，對於買權、賣權的觀念，先以英文
CALL、PUT 加以區隔，並以股票方式的概念加以記憶推演。

　　訣竅：下單前，問自己，下這口單，是想要賭什麼？

　　第一種，加權指數在結算日時，會不會漲上╳╳╳點？「漲」就是
CALL。會漲，就去買 CALL；不會漲，就去賣 CALL。

　　第二種，加權指數在結算日時，會不會跌到╳╳╳點？「跌」就是
PUT。會跌，就去買 PUT；不會跌，就去賣 PUT。

2.3

選擇權的「結算」模式

在正式進入選擇權交易世界之前，基本功夫一定要做好，完整通盤的認識合約內容，才能了解交易流程，開始計畫完整的投資目標與計畫，正所謂「知己知彼，百戰百勝」。所以，了解選擇權的契約內容與角色，以及主管單位等資訊，更能掌控勝算。

選擇權之所以迷人，除了以小博大，靈活性高之外，它的邏輯部分也常叫投資人著迷不已。以下我們將為大家介紹選擇權的結算方式，而這通常與選擇權的價位有關……，一共分有履約價與結算價兩種。

選擇權的契約角色

（1）選擇權歸期交所

選擇權的相關商品皆是出自於台灣期貨交易所（簡稱期交所），舉凡整個交易的細節規定，包括契約、商品造市、每日的交易情況等等，都可從期交所的網站上取得參考資訊，最為正確與快速。

首先，正如同前面章節所提，選擇權是一種衍生性商品，是一種契約，而這份契約，可以在期交所網站上查到，就是「臺灣證券交易所股價指數選擇權契約規格」，清楚的列出合約選擇權的相關規格，其中有幾個與交易流程息息相關的細節，本文特別提出，其餘建議大家一定要去看。

圖片來源：台灣期貨交易所網站

行事曆	◆ 交易人部位限制一覽表	◆ 最後結算價	◆ 交易規則	◆ 交易成本與相關費用表	◆ 保證金
歷年交易量					

臺灣期貨交易所股份有限公司
「臺灣證券交易所股價指數選擇權契約規格」

項目	內容
交易標的	臺灣證券交易所發行量加權股價指數
中文簡稱	臺指選擇權(臺指買權、臺指賣權)
英文代碼	TXO
履約型態	歐式(僅能於到期日行使權利)
契約乘數	指數每點新臺幣50元
到期契約	● 自交易當月起連續3個月份，另加上3月、6月、9月、12月中2個接續的季月，另除每月第2個星期三外，得於交易當週之星期三一般交易時段加掛次一個星期三到期之契約 ● 新到期月份契約於到期契約的最後交易日之次一營業日一般交易時段起開始交易
履約價格間距	● 履約價格未達3,000點：近月契約為50點，季月契約為100點 ● 履約價格3,000點以上，未達15,000點：近月契約為100點，季月契約為200點 ● 履約價格15,000點以上：近月契約為200點，季月契約為400點 ● 交易當週星期三加掛次一個星期三到期之契約，其履約價格間距同近月契約， ● 各契約自到期日之前一個星期三起，於最後結算日的指數收盤價上下3%間，履約價格間距為近月契約之二分之一。
契約序列	新契約之掛牌將及契約之存續期間，以前一營業日標的之指數收盤價為基準，於一般交易時段依履約之價格間距，向上及向下連續推出不同之履約價格序列至滿足下列條件為止： 1. 交易當週星期三加掛次一個星期三到期之契約，最高及最低履約的價格涵蓋基準指數的上下10% 2. 交易月份迄之3個連續近月契約，最高及最低履約的價格涵蓋基準指數的上下15% 3. 接續之2個季月契約，最高及最低履約的價格涵蓋基準指數的上下20%
權利金報價單位	● 報價未滿10點：0.1點(5元) ● 報價10點以上，未滿50點：0.5點(25元) ● 報價50點以上，未滿500點：1點(50元) ● 報價500點以上，未滿1,000點：5點(250元) ● 報價1,000點以上：10點(500元)
漲跌幅限制	各交易時段權利金最大漲跌點數以最近之臺灣證券交易所發行量加權股價指數收盤價之百分之十為限
部位限制	● 交易人於任何時間持有本契約同一方之未了結部位總和，不得逾本公司公告之限制標準 ● 所謂同一方未沖銷部位，係指買進買權與賣出賣權之部位合計數，或賣出買權與買進賣權之部位合計數 ● 法人機構基於避險需求得向本公司申請放寬部位限制 ● 綜合帳戶，除免主動揭露個別交易人者適用法人部位限制外，持有部位不受本公司公告之部位限制
交易時間	● 本契約之交易日與臺灣證券交易所交易日相同 ● 一般交易時段之交易時間為營業日上午8:45~下午1:45；到期契約最後交易日之交易時間為上午8:45~下午1:30 ● 盤後交易時段之交易時間為營業日下午3:00~次日上午5:00；到期契約最後交易日無盤後交易時段
最後交易日	各月份契約的最後交易日為各該契約月份第3個星期三；交易當週星期三加掛之契約，其最後交易日為掛牌日之次一個星期三。
到期日	同最後交易日
最後結算價	以到期日臺灣證券交易所當日交易時間收盤前三十分鐘內所提供標的之指數之簡單算術平均價訂之，其計算方式，由本公司另訂之
交割方式	符合本公司公告範圍之未沖銷價內部位，於到期日當天自動履約，以現金交付或收受履約價與最後結算價之差額

若B日皆為假日或因不可抗力因素未能進行交易時，以其最近之次一營業日為最後交易日。(詳見臺灣證券交易所股價指數選擇權契約的交易規則)

臺指選擇權相關資料

理論價格計算
歐式選擇權評價工具

圖片來源：台灣期貨交易所網站

（2）合約交易標的—台灣加權指數

　　台指選擇權合約規格上清楚列出，交易標的為「台灣證券交易所發行量加權股價指數」，交易市場裡加權指數稱為現貨，期貨則視為加權的未來商品，所以，雖然在結算日之前，選擇權的波動參考也包含台指期貨，但是，最終結算價還是以加權指數為主。

角色 1：選擇權 - 結算價

　　由於選擇權結算的標的物是加權指數，因此結算的計算方式，是在周三下午 13：00 開始，每秒一個價做為加權平均計算，並加上 13：30 收盤價，就是選擇權的結算價。

　　每周三結算日時，大盤指數結算後所落下來區間點位，就成了選擇權最重要的位置，因為想賺多少錢，要看結算價的點位。假設，這次我們投資的點位為 10800 的 PULL 賣權，我們覺得大盤指數在周三時，會跌破 10800，因此，必須花 10 點 *50 元，也就是 500 元（不加計手續費及交易稅）的成本去投資。那麼周三的結算價，來到 10780 時，表示你成功猜中結算點。

　　至於結算方式，就是把履約的價格，扣掉結算價，再扣除成本，就是你本次投資的獲利。故而若依此案例來看：

履約價 10800 —結算價 10780=20 點（結算出來你所勝出的點位）

20 點—投資成本 10 點 =10 點 *50= 獲利

　　這就是買方的結算方式，所以，履約價與結算價相差愈大，你的獲利就可能愈多。

現在對於履約價、結算價有個初步概念後，進一步，要去知道與選擇有關的三個價位名詞—價內、價平、價外。用比較直觀說法：

- **價內＝已達成**
- **價平＝目前所在價格**
- **價外＝未達成**

舉例來說：

以買權為例買權是看漲。目前指數是 100。

所以對於履約價 100 來說，它就是價平。那先前有提到買權是看漲，對於買權世界裡 150 的履約價來說，就叫做價外，因為還沒有漲到。而履約價 50 就是價內，因為漲超過了。

買權 CALL

如果現在 指數在 100	50	指數已經**漲超過**這個位置，所以這裡是價內
	100	指數目前所在位置，所以這裡是價平
	150	指數「未」**漲超過**這個位置，所以這裡是價外

再者，我們轉換一下思維，跟著來看看賣權世界。

目前指數如果在 100，起點不變 100 就是價平，那因為賣權是看跌，所以對於 50 來說，它就是還沒跌到的價格，所以是價外。而 150 已經跌超過了，它就是價內，也就是已達成跟未達成的概念。

賣權 PUT

如果現在
指數在 100

50 　指數「未」跌超過這個位置，所以這裡是價外
100 　100 指數目前所在位置，所以這裡是價平
150 　150 指數已經跌超過這個位置，所以這裡是價內

　　由此來進一步去理解選擇權的結算價，依契約內容指出，「以到期日臺灣證券交易所當日交易時間收盤前三十分鐘內所提供標的指數之簡單算術平均價訂之。其計算方式，由本公司另訂」

　　簡單的說，就是以台灣股市在收盤前 30 分鐘，下午 1 點到 1 點３０分，這段時間股價波動的合計平均價，所以，正確說法，選擇權的結算價，會與台股加權指數有些許差異，但因為通常差異不大，市場習慣以加權指數收盤價通稱，這點觀念上還是要具備，否則當有時，加權指數在最後３０分鐘波動較大時，也會造成選擇權結算價有所差異，在投資盈虧上會出現差異，清楚理解結算價後，就避免觀念混淆與誤判。

（1）交易時間：一般交易＋盤後交易

　　選擇權的標的雖然是台股，但交易時間卻比台股多了夜盤的交易，市場稱為「盤後交易」或「夜盤」。選擇權交易時間，一般交易時段為營業日的上午 08：45 ～ 13：45；盤後從下午 15：00 ～次日上午 05：00。但是，到期結算日則是從上午 08：45 ～ 13：30。比平常交易時間減少。

選擇權的的交易時間，一般分成日盤及夜盤。開盤時間與台指期貨同步，而加權指數則只有 09：00 ～ 13：30 開盤。所以，日盤選擇權的點數，會受到加權指數及台指期影響；而夜盤則是台指期為主。

選擇權	開盤時間	對應指數
日盤	08：45 ～ 13：45	加權＋台指期
夜盤	15：00 ～ 05：00	台指期

台灣期貨選擇權市場的夜盤交易，是從２０１７年５月１５日正式上線，主要是提昇台灣期貨市場的國際競爭力，與國外的交易所接軌，同樣也能吸引更多外資投入台灣市場，交易活絡市場才能更加蓬勃發展，對投資人更加有利。

正因為選擇權有夜盤市場，可以讓小資上班族，在下班後可以參與研究與投資，不會影響到工作上班時間。

（2）結算日

選擇權合約到期時就要進行結算，也就是定輸贏，並且清算勝負金額是多少。意即所謂「到期日」，又稱「結算日」。嚴格說來，結算日的意思是指：今天跟你對賭一個條件，從 1 月 1 日開始賭到 1 月 15 日號結束，到了 1 月 15 日時，再根據我們對賭的標準去論輸贏及賠率，而這個 1 月 15 日就是結算日。

選擇權結算日有分為週選擇權結算及月選擇權結算；週選擇權就是

一週結算一次，時間是每週三上午08：45開新倉，到下週三13：45結算。在每週三結算的同時，也會開啟下週的新倉。故而，選擇權的結算日如下：

合約	結算日	備註
周選擇權	每個星期三下午1：45分	由於第三個星期三，會與周選一起結算，因此，月選便會結合成周選第三周，不另外再加開合約。
月選擇權	每個月第三個星期三下午13：45	

結算日參考圖

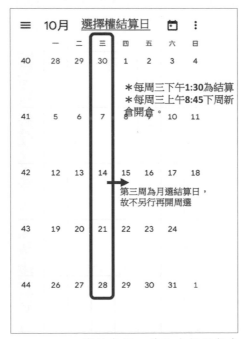

資料來源：許湘庭整理製表

（3）選擇權的點數價值、保證金

交易選擇權時，有幾個重要關於錢的規定，你一定要清楚：

選擇權的指數價值：這關係到你的交易要花多少成本，能賺多少，所以一定要非常清楚，通常在交易選擇權時，交易的單位稱為「口」，每口履約價當下的價值就是 T 字表的成交價，一點等於台幣 50 元，所以，T 字表上看到的點數，都要乘以 50 後，才是新台幣價值。

而保證金部分，因為四種交易上，在 CALL 與 PUT 方上，皆有賣方，賣方等於是莊家，可優先收回買方的「權利金」，為了確保結算日時，賣方莊家有能力賠付雙方約定的賭注，因此，期交所要求做賣方交易人，必須拿出保證金。

至於保證金的金額，則依照選擇權的策略不同，而有所差異，最少只要 2,500 元，最多則超過 5 萬元。保證金的金額大小，其實就是依照該筆交易的風險值來收取，保證金高，背後也透露風險大。而本書後面將教導讀者的「價差單」，保證金只要 2,500 元，入手容易，風險小，是小資上班族的最佳投資理財工具，作為自己輕鬆加薪工具。

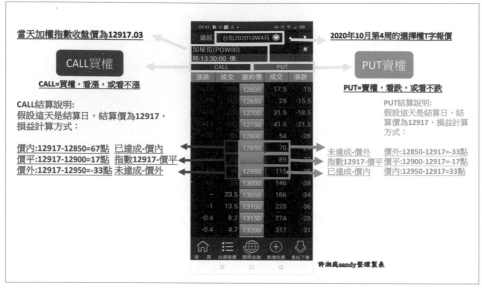

資料來源：許湘庭整理製作

角色 2：選擇權 - 履約價

我首先舉個簡單的例子做說明：

我預計要瘦 10 公斤，或乾脆一次減重 15 ～ 20 公斤，上述出現的三個數字— 10 公斤、15 公斤甚至是 20 公斤之於你的計畫，便好比是選擇權投資模式裡的履約價。

選擇權一般分為 CALL 與 PUT 這兩種不同的商品，而它們之下又有不同的商品尺寸，不同尺寸又有不同價位，這個不同的尺寸就是我一再提到的「履約價」。在 T 字報價上，各有各的價格點數，你可以自行決定要什麼價位？是要順應（看漲或看跌），還是作對？大家不妨參考以下的這個分支表，應該便可明確釐清脈絡。

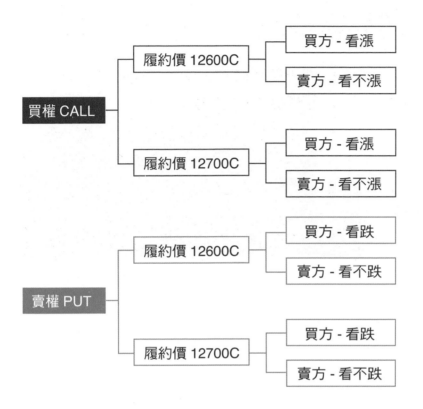

在選擇權的交易介面中，我們會看到中間有一排數字，這一排數字就是履約價。它就是買賣方對賭的起點，履約價的由來，則是台股加權指數。仔細看下列表格，上面的一排數字，表示台股指數未來可能在星期結算的價位。舉例來說，10500 指的就是：預計加權指數會在週三這一天的結算到期時，來到 10500 這個點位上。所以，履約價是等比的數列組成，像是 10500、10650、10700、10800 等（請參考下頁圖）。

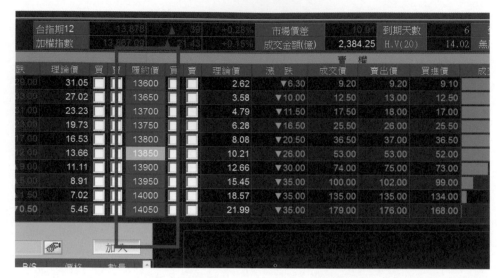

跌	理論價	買	賣	履約價	買	賣	理論價	漲 跌	成交價	賣出價	買進價	成
										賣　權		
29.00	31.05			13600			2.62	▼6.30	9.20	9.20	9.10	
3.00	27.02			13650			3.58	▼10.00	12.50	13.00	12.50	
31.00	23.23			13700			4.79	▼11.50	17.50	18.00	17.00	
3.00	19.73			13750			6.28	▼16.50	25.50	26.00	25.50	
17.00	16.53			13800			8.08	▼20.50	36.50	37.00	36.50	
2.00	13.66			13850			10.21	▼26.00	53.00	53.00	52.00	
9.00	11.11			13900			12.66	▼30.00	74.00	75.00	73.00	
5.00	8.91			13950			15.45	▼35.00	100.00	102.00	99.00	
1.50	7.02			14000			18.57	▼35.00	135.00	135.00	134.00	
0.50	5.45			14050			21.99	▼35.00	179.00	176.00	168.00	

台指期12　13,878　▲　39　+0.28%　　市場價差　10.91　到期天數　6
加權指數　13,762.00　▲1.43　+0.19%　　成交金額(億)　2,384.25　H.V(20)　14.02

加大

資料來源：凱基證券 App 軟體

　　而等比數列的比例是 100 點或 50 點，這是由所謂的莊家所擬定，而點位會隨著交易時間日，及價位情況去加開距離比較近，只有 50 點的點位。

　　這部分所影響的是二個點位之間的成交價格的的差異，點位愈多，讓投資人有愈多選擇，就像多一些股票可以投資。至於要選定那一個履約價來投資，那就要考量當時的大盤盤勢、趨勢，以及你的策略來訂定，不同履約價分別有四種投資可以考量，就是漲得過、漲不過、跌得過、跌不過。

契約對賭的標準點（在結算到期日）

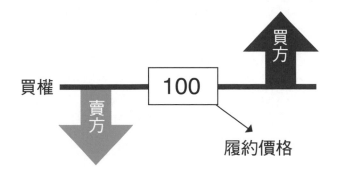

買權

賣方

買方

100

履約價格

2.4
選擇權的成本 VS. 獲利

選擇權在結算日之前，無論是 CALL 或 PUT，買方或賣方，要取得某一個履約價的權利時，就要以權利金做為依據，做買方的人，要付出權利金，做賣方的，則是可以收回權利金，成本就是保證金，等到結算日時，再以結算價超出履約價的差額，再與權利金去做對比時，超過權利金的就是買方的盈餘，但未達履約價，賣方則收足權利金。

勝負取決在權利金，因此，我們來進一步理解權利金的時間價值，更能掌握勝利的關鍵。

選擇權的交易時間

選擇權的的交易時間，一般分成日盤及夜盤。開盤時間與台指期貨同步，而加權指數則只有 09：00 ～ 13：30 開盤。所以，日盤選擇權的點數，會受到加權指數及台指期影響；而夜盤則是台指期為主。

選擇權	開盤時間	對應指數
日盤	08：45 ～ 13：45	加權＋台指期
夜盤	15：00 ～ 05：00	台指期

選擇權合約到期時就要進行結算，也就是定輸贏，以並且清算勝負金額是多少。意即所謂「到期日」，又稱「結算日」。嚴格說來，結算

日的意思是指：今天跟你對賭一個條件，從 1 月 1 日開始賭到 1 月 15 日號結束，到了 1 月 15 日時，再根據我們對賭的標準去論輸贏及賠率，而這個 1 月 15 日就是結算日。

選擇權結算日有分為週選擇權結算及月選擇權結算；週選擇權就是一週結算一次，時間是每週三上午 08：45 開新倉，到下週三 13：45 結算。在每週三結算的同時，也會開啟下週的新倉。故而，選擇權的結算日如下：

合約	結算日	備註
周選擇權	每個星期三下午 13：30	由於第三個星期三，會與周選一起結算，因此，月選便會結合成周選第三周，不另外再加開合約。
月選擇權	每個月第三個星期三下午 13：30	

選擇權的「時間」價值

時間價值，我通常稱呼它為「期望值」，這是選擇權獲利主要重點，所以一定要清楚知道並妥善運用。

選擇權合約有所謂的「到期日」也就是結算日，舉例來說：

我今天跟你對賭一個條件，從 1 月 1 號開始賭到 1 月 15 日結束，到時候 1 月 15 日時，就根據我們對賭的標準去評斷輸贏，這就是結算日。也就是說，隨著時間不斷的流失，勝率越來越小時，你的期望值的也會流失。期望值大的人勝率高，自然價值就高，期望值小的人，因為勝出

的可能性低，故價值很少，以這就是爲什麼當結算日越來越近時，越不可能到達的履約價指數，會收斂成 0.1。

我再舉一個範例：

有一天 ACE 跟小方約好了要減肥，履約時間是下個月同一天，看看誰瘦得比較多？此時，小盧跟小烏龜就開始打賭，誰會贏，隨著時間一天一天的過去，ACE 已經瘦了五公斤，但小方太愛喝酒，只瘦了 1 公斤，眼看時間只剩五天，這時小方贏的機率已經微乎其微。

這時候，由於時間不斷的流失，小方的勝率越來越小，大家對他的期望值也越低，投注他的價值流失，也等同於流失時間價值。

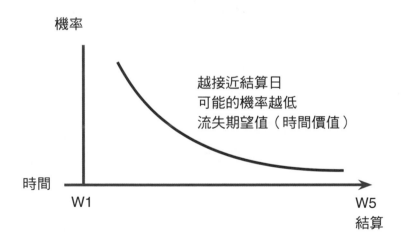

「買方」成本計算

基本上，選擇權的成本價算法並不困難，例如：

買方購買一口的成本＝成交點數 *50，而我們看到的成交價格都是所謂的點數，在選擇權裡，一點的點數 =50 元台幣。而上面所提到的「口」是期貨、選擇權的單位數，類似股票說買一張，而這個「張」就是股票的單位數相同。

假設我想買進 13750 買權賣方，就等於 154 點 *50=7,700 元，入場成本就是 7,700 元。

賣權買方也是一樣。

那買方的賺賠模式又是什麼？

例如我們買進履約價 13750 時，代表看漲指數，指數如果漲，成交價格也會漲，那每多漲一點就是我們賺的錢。

假設：我們買進 154 點，漲到 155 點，一點 50，我們就是賺 50 元，漲到 164 點就賺 500 元。虧損的話，則是未達到我們當初所設的目標，所以，154 點全部賠完，被莊家沒收。

賣權也是如此，這就是我們賺無限、賠有限的概念。

再舉例，我們買樂透彩，當開獎時，號碼全部都沒有中時，那彩券即失效，所賠的是彩券金額。

「賣方」的成本計算

做一口賣方，就是支付一筆保證金，等同於押金，因為我們是莊

Delta	成交量	買進價	賣出價	成交價	漲跌	理論價	買	賣	履約價	買	賣
0.8475	255	368.00	371.00	365.00	▲98.00	370.91			13500		
0.815	254	321.00	324.00	322.00	▲92.00	334.68			13550		
0.7720	751	276.00	278.00	278.00	▲87.00	295.38			13600		
0.7249	1,676	232.00	234.00	233.00	▲77.00	258.35			13650		
0.6737	4,353	190.00	192.00	193.00	▲66.00	223.82			13700		
0.6192	8,383	152.00	154.00	154.00	▲55.00	191.97			13750		
0.5624	18,069	118.00	119.00	118.00	▲42.00	162.92			13800		
0.5045	19,716	89.00	90.00	89.00	▲32.00	136.76			13850		
0.4467	19,463	84.00	65.00	65.00	▲24.00	113.49			13900		
0.3902	16,549	44.00	45.00	44.50	▲16.00	93.07			13950		

資料來源：凱基證券 App 軟體

家的角色，要跟買方對賭，所以，爲了確認我們是有能力去賠出賠率，所以，才需要押金掛保證。而保證金的金額，以期交所公告價格爲主，每家券商委託出去的保證金不盡相同，因爲選擇權委託會有一個預扣費用，避免市價買進造成保證金變負值，以前保證金相對便宜，但現在因爲外在因素影響，造成金融市場波動太大，因此，保證金整體價格也隨之調升不少！

再者，單純賣方的保證金是浮動的，會隨著風險係數增加而變貴，因此，這也會是我們後面將告訴大家，如何利用「價差組合單」的方式來降低投資成本的部份。

「賣方」成本的計算

　　最後是，賣方的賺賠模式又是什麼？

　　如果我們賣出 13750 的履約價格，收到點數 154 點，大約收到 7,700元，我們所賣出的指數成交價格會越來越少，甚至到結算日當天，指數確實距離很遠時，就會歸零，那每少一點就是我們賺的錢。

　　就像賣出 154 點塊跌到 153 點，一點 50，就是賺 50 元，但是相反，如果點數漲到 155 點，就賠 50 元

　　賣方最大獲利是 154 點全部收進口袋，這 154 最後會變成 0.1，但是最大虧損無上限。賣權也是如此……。

資料來源：以上為 2020.07.08 期交所公告價格

而從以下這 2 張圖，我們可以看到未達標的價格就會歸零，也就是賣方賺走的錢。

				買權Call				履約價			賣權Put		
成交量	賣價	買價	自算隱波	漲跌	成交價	買	賣		買	賣	成交價	漲跌	自算隱波
242	426	408		▼53	417	B	S	11200	B	S	14.5	▼3	
799	321	315		▼52	320	B	S	11300	B	S	22	▼2	
1,422	234	210		▼53	234	B	S	11400	B	S	35	▼2	
4,746	154	152		▼53	153	B	S	11500	B	S	56	▲2	
10,181	92	88		▼44	89	B	S	11600	B	S	94	▲10	
13,623	48	47		▼33	47	B	S	11700	B	S	150	▲21	
11,133	23	22.5		▼21	23	B	S	11800	B	S	234	▲29	
9,804	11	10.5		▼10.5	11	B	S	11900	B	S	314	▲39	
4,197	5.7	4.5		▼5.8	4.7	B	S	12000	B	S	408	▲48	
1,651	3.4	2		▼3.5	2.2	B	S	12100	B	S	500	▲45	
711	1.4	0.9		▼2.3	0.9	B	S	12200	B	S			
473	0.9	0.9		▼1.9	0.8	B	S	12300	B	S			
166	0.6	0.6		▼0.8	0.5	B	S	12400	B	S			
20	1.1			▼0.7	0.4	B	S	12500	B	S			
	78					B	S	12600	B	S			
	68					B	S	12700	B	S			
	71					B	S	12800	B	S			
	71					B	S	12900	B	S			
	76					B	S	13000	B	S			

目: 台指近月　台指次月　小台近周
5.5] 台指近月: 11596 -54　　台指次月: 11577 -52　　小指近周: 11608 -46

資料來源：凱基證券 App 軟體

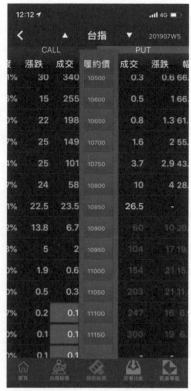

資料來源：凱基證券 App 軟體

選擇權的 T 字報表

　　選擇權的看盤交易系統叫做「T 字報表」，而中間的一排數值，就是履約價。下方圖例，分別是電腦看盤介面，以及手機下單時的介面。

成交量	買維價	賣出價	成交價	漲 跌	理論價	買	賣	履約價	買	賣	理論價	漲 跌	成交價
676	250.00	313.00	308.00	▲29.00	31.05			13600			2.62	▼6.30	9.20
712	282.00	270.00	281.00	▲33.00	27.02			13650			3.58	▼10.00	12.50
2,620	207.00	217.00	217.00	▲31.00	23.23			13700			4.79	▼11.50	17.50
9,589	172.00	174.00	174.00	▲23.00	19.73			13750			6.28	▼16.50	25.50
14,843	133.00	135.00	134.00	▲17.00	16.53			13800			8.08	▼20.50	36.50
21,065	99.00	101.00	100.00	▲12.00	13.66			13850			10.21	▼26.00	53.00
24,980	71.00	74.00	73.00	▲9.00	11.11			13900			12.66	▼30.00	74.00
15,743	48.00	49.50	48.50	▲6.00	8.91			13950			15.45	▼35.00	100.00
24,704	31.50	32.50	32.00	▲1.50	7.02			14000			18.57	▼35.00	135.00
23,774	18.00	20.00	19.00	▼0.50	5.45			14050			21.99	▼35.00	179.00

月份　　買賣別　　價格

資料來源：凱基證券 App 軟體

	台指		202012W1

CALL				PUT
漲跌	成交	履約價	成交	漲跌
80	310	13550	12.5	37.5
77	268	13600	17	46
63	219	13650	23.5	55.5
53	178	13700	33	65
43	142	13750	45.5	76.5
32	108	13800	62	85
23	80	13850	84	92
15	56	13900	111	103
9.5	38	13950	142	103
5	24.5	14000	176	110
3	16	14050	219	114
0.5	9.1	14100	260	117

首頁　　自選報價　　類股報價　　交易功能

資料來源：凱基證券 App 軟體

由於介面相同我就統一用電腦版的來介紹：

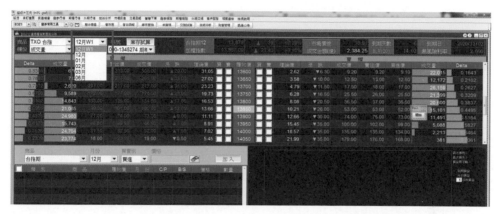

資料來源：凱基證券 App 軟體

　　手機版的也可以清楚看到時間週期以及各月份的合約，下單前一定要注意自己買賣合約日期是 S 否正確，千萬別選錯了。筆者以凱基期貨系統「超級大三元」當範例，供大家參考操作順序。

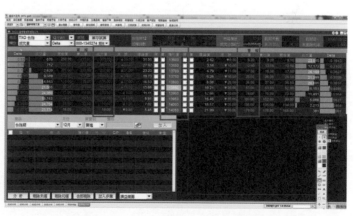

資料來源：凱基證券 App 軟體

T 字報表都會用履約價把兩個世界隔出來。左邊就是買權，右邊就是賣權。數字紅色代表漲，綠色代表跌。

中間藍色框框就是履約價格，左右兩個藍色框框，代表目前履約價買賣權的成交點數，價格則是點數乘以 50 元。

最後再跟大家提醒一下：

選擇權就是一個賭局，一個結算日加權指數收在什麼履約價位置的遊戲。如果我在履約價 12100 買進一口買權，這即代表我認為結算日的結果，加權指數會漲超過 12100。

如果我在履約價 12100 賣出一口「買權」，代表結算日當天，我認為它是不會漲超過 12100 的。

賣權就是顛倒，我買進一口 12100 的賣權，就是希望結算日跌超過12100。

我賣出一口 12100 的賣權，就是希望結算日不跌超過 12100。

因此，由這個觀點整理下來，買權買方跟賣權賣方都是偏多看，但是買權買方是漲超過，賣權賣方是只要不跌超過就好。

買權買方如果買進一口 12100 履約價的選擇權，漲超過 12100 越多，買權買方將賺越多，所以，做買權買方的心態就是希望行情大漲。反之，賣權賣方是只要指數不跌過 12100，那當下賣出的成交價格就會歸零，也就是大家圖片上看到的變成 0.1。

那為什麼買方跟賣方成本會不一樣呢？

其實也是因為賣方風險較大，所以須先支付保證金，以免投資人虧損過大，對方收不到錢。

如何達到「損益兩平」

在計算選擇權的損益二平上，我們常會用到一個工具就是益損圖，這個部分在各家期貨商的看盤軟體裡都會有，大家可以再問一下營業員，要如何叫出這個功能。損益兩平圖就是透過電腦去計算，賺跟賠的起始點，也就是當下如果我買進選擇權的賺賠會是多少。

透過損益兩平點，可以清楚用各種選擇權交易組合方式，去組合出我們要的交易策略，並且清楚的知道虧損點在哪裡，以及我們在什麼情況下會賺錢，賺多少錢，去做好停損點位的策略安排。筆者試以下 2 張圖表來舉例：

圖表 1：從紅框可以清楚看見，我買進一口買權，履約價是 13950，當然，我是希望結算日當天能漲超過 13950，而從右邊的損益兩平圖可以看出，我的最大獲利是 無限，最大虧損就是 3,550 元，損益兩平點是 14021。

這即代表我要漲超過 14021，我才會開始賺錢。

13950 的成交價是 71，71 點 *50 元 =3,550 元

從看盤軟體也可以看到買方的特性跟賺賠模式。

圖表 2：筆者改成用賣出一口賣權，履約價 13800 當作例子。

支付保證金後，最大獲利是 1,275 元，最大虧損是無限，損益兩平點是 13775，這張圖表代表著，若跌低於 13775，賣權賣方就可以賺錢。

賣權賣方成交價格是 25.5 點，25.5 點 *50=1,275 元，最大獲利就是當初賣出的點數。

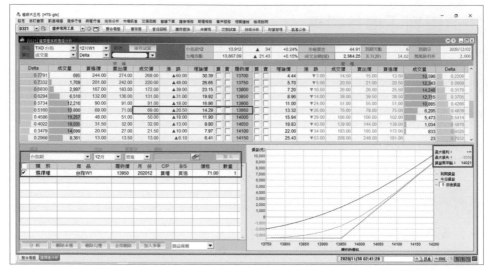

資料來源：凱基證券 App 軟體

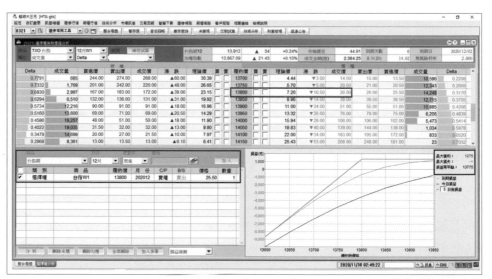

資料來源：凱基證券 App 軟體

選 擇 權 大 講 堂

手機操作流程 SOP

　　為方便上班小資族的人，現在手機看盤及下單非常方便，只要一機在手，隨時能下單，賺點零用錢。因此，特別介紹手機版本進入選擇權 T 字報表介面流程。

　　步驟 1：這是一般我們手機登入券商交易軟體 APP 的畫面，我們只需找到「選擇權」這個選項後點入。

　　步驟 2：待進來這個畫面後，點選第一個「台指」這個選項。

　　步驟 3：進來後就會看見 T 字報表了，一樣也是分成左右，分別是 CALL 及 PUT。

　　要特別注意的是右上角圈起來的地方，就是選擇權的合約月份，由於選擇權開倉時，會有不同月份、日盤、夜盤，大家務必要看清楚再下單，就像上圖，便有「7 月」跟「7 月全」兩種分別，差別就是早盤跟夜盤的不同，價位也會不同。

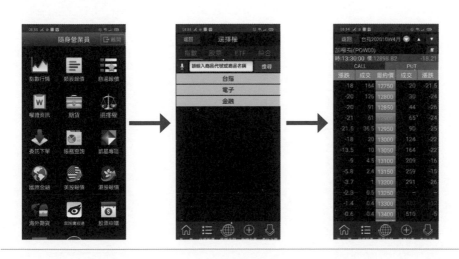

Round 3 ——

選擇權的吸金模式

選擇權交易並不困難，只要用生活最簡單的買賣心態去理解就好，整個投資金融體系都是人性的衍生品，與其理解複雜難懂的金融語言，不如觀察一個市場中的小販如何買賣東西比較重要。

所以，不要被選擇權的傳聞給誤導，改變心態與心情，才能改變人生與交易，簡單的學會能賺錢的方法後，重複去做，你也會成為專家。

3.1

價差單的魔力——小額保證金，賺取小額權利金

對於選擇權的基本架構，大家應該都有基本認識，在開始第一筆交易前，你必須再進一步認識交易門檻，那就是權利金及保證金。

台指選擇權其實是一種約定，是一種「契約」觀念，即買、賣雙方合作才能成立這筆交易，之後等待時間的發展，順利完成一筆契約。

　　大家都有買賣的經驗，具體的經驗，去買一台車子，確定型號、款式、顏色後，雙方就會簽定買賣契約，買方會支持訂訂金，確認訂貨，賣方會出示合約保證，在時間內會交出車子來，此筆契約才算完成。

　　在選擇權的交易上，買方要獲取履約價的權利時，就要付錢，這筆費用就是「權利金」，明確的知道，一旦在約定時間完成後，有達到雙方約定條件時，買方有權利去履行這筆交易，也就是獲取利益。至於賣方的角色，就是莊家、是車商，所以，你必須證明有能力去履行這個契約，所以，要拿出「保證金」。

　　在選擇權的交易上，當莊家的一口賣方「裸賣」交易，保證金至少3萬元起跳，視履約價本身的價值高低，所以，是不是對小資上班族會有門檻出現，而且風險無限的情況下，這絕對不是一筆好交易。所以，為了讓小資上班族好入門，特地介紹的價差單策略，它可以用 2,500 元的保證金，就能完成一筆交易，成功收錢。重點除了保證金少之外，風險也僅是僅是 2,500 元，就算台股加權指數超漲超跌，無需擔心被穿價

時的風險，是一種非常友善的選擇權策略單。

選擇權的交易組合策略非常多種，只要靈活運用，每一種策略都能成為您的賺錢法寶，但是記住一件事，金融市場交易永遠不死，你要活的比市場還久，才是勝利者，所以，要讓新手能夠入門，還能夠建立自信，安全的交易，三個條件下，就是「選擇權價差單」。

「價差單」是什麼？

「價差單」是一種同時買進一個履約價，並同時也賣出一個履約價，多空對鎖的交易法。

簡單來說，價差單可分為「防禦型：收租金式」價差單；以及「攻擊型─順勢」價差單兩種，而本書強調的則是以防禦型的價差單為主，其共有二種策略：

1. 買權空頭價差單
2. 賣權多頭價差單

同時買進 賣出 鎖住 損跟益 這就是價差單的好處

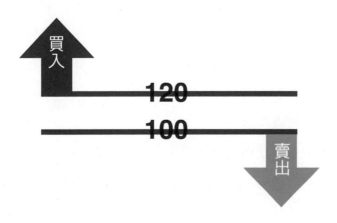

從這張圖我們可以看到：

交易組合上，因為同時建構賣出與買入二筆不同價位的組合單，當指數往上漲履約價 120 會賺錢，但履約價 100 會虧錢，反之則履約價 120 賠錢，履約價 100 賺錢，如此達到了多空對鎖的效果。

價差單就是將買方賣方兩者的特性融合，因此價差單特性就變成一賺有限賠有限，也就是你今天買漲；但如果台灣股市崩到谷底，你也只會賠一定的數字。

如何組建「價差單」部位

顧名思義，我們是建立在買權市場的價差單，而交易的方向性是看空，用白話來說，就是覺得大盤指數在星期三下午 13：30 分時，指數不會漲過〇〇點的履約價。

（1）買權空頭價差單

所謂「買權空頭」，意思是大盤會漲，但是，你就覺得至多漲一個程度，但是就不會漲過你所指點的履約價。舉例來說，假設今天的大盤指數為 13867 點，你認為大盤漲不過指數 14000 點，於是你就可以去操作賣出 14000 點的履約價，收到交易 48 點，同時買進 14050 點的履約價 32 點，那麼這麼交易你可以收回的點數為 48—32 ＝ 16 點 *50 元，你可以收到 800 元的權利金。

我這邊有一個小口訣可供大家參考：「買高履約價，賣低履約價」。

也就是，買進 14050 的 CALL，同時賣出 14000 的 CALL，這樣就

會形成買權空頭價差單。而這樣的價差單，因為是收回權利金，所以，必須付出保證金，才能完成此交易。因為一賣一買的價差單，風險鎖住，所以，虧損是有限的，因此，保證金也降的很低，50 點的保險，只要 50*50 元＝ 2,500 元。這筆單的交易模式，等於是以 2,500 元，去賭 800 元的盈利。

小資加薪術策略之一：買權空頭價差單

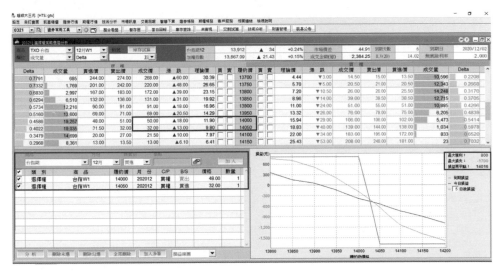

圖片來源：凱基大三元

（2）賣權多頭價差單

顧名思義，我們是建立在賣權市場的價差單而交易的方向性是看多。白話講法，大盤指數在周三結算日時，指數跌不到○○履約價，例

如，現在的大盤指數為 13867 點，你覺得周三指數跌不到 13800 時，於是你可以用賣出 13800 的履約價，買進 13750 的履約價，形成賣權多頭價差單。

依下圖為例，可收到的權利金為 25.5—21 ＝ 4.5 點 *50 ＝ 225 元。

小資加薪術策略之二：賣權多頭價差單

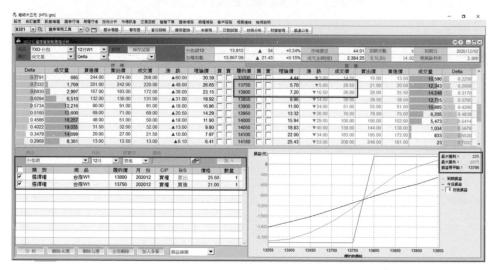

圖片來源：凱基大三元

正所謂「買低履約價，賣高履約價」。也就是買進 13750 的 PUT，同時　賣出 13800 的 PUT，這樣就會形成賣權多頭價差單。

同樣的，因為一賣一買的價位區隔 50 點，所以，賣方所要拿出來的保證金為 50*50 元 ＝ 2,500 元。

上述的二個價差單策略，所要付出的成本就是保證金 2,500 元，卻能收回權利金，計算最多的損失就是保證金扣除權利金的餘額，上述這幾個條件，包括資金少，風險有限的情況下，只要提高獲利機率，就是所謂的小資上班族「選擇權加薪術」。

「選擇權加薪術」的條件

選擇權因為有時間價值消失,以及小資金即可操作的特性,所以非常適合小資族進行投資,既可兼顧工作,也不必時時盯盤,還能賺到小小的工作額外收入,絕對值得投入研究。只是操作「選擇權加薪術」,有幾個條件一定要遵守,這樣一來不但能夠穩定周周獲利,還能安心過上好日子。

說起價差單獲利模式,其實還蠻淺顯易懂的,首先,我們透過以下這個圖表的賣權為例:

指次月: 11577 -52				小指近周: 11608 -46				
漲跌	成交價	買	賣	履約價	買	賣	成交價	漲跌
▼53	417	B	S	11200	B	S	14.5	▼3
▼52	320	B	S	11300	B	S	22	▼2
▼53	234	B	S	11400	B	S	35	▼2
▼53	153	B	S	11500	B	S	56	▲2
▼44	89	B	S	11600	B	S	94	▲10
▼33	47	B	S	11700	B	S	150	▲21
▼21	23	B	S	11800	B	S	224	▲29
▼10.5	11	B	S	11900	B	S	314	▲39
▼5.8	4.7	B	S	12000	B	S	408	▲48
▼3.5	2.2	B	S	12100	B	S	500	▲45

圖片來源:凱基大三元

當同時買進跟賣出時,價差之間會出現一個差價。買進 13750 是希望指數跌低於 13750,賣出 13800 是希望指數不要跌低於 13800。這

時候當指數不跌超過 13800 時，25.5 點會歸零，21 點也會歸零。25.5-21=4.5 點，這就是我們中間賺的利差。

買權空頭價差單也是如此……，請參考下圖。

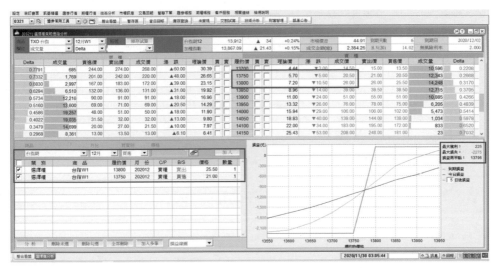

圖片來源：凱基大三元

為了讓大家更清楚價差單的損益情況，下單軟體都會有選擇權的損益表分系，一定要善加利用，才能掌控整筆交易的策略優缺點。

（1）只能操作深度價外的履約價價差單。

根據統計，台灣加權指數，一個星期開盤營業日的漲跌幅，60％大

約都在 300 點之內，也就是說，從一個選擇權新倉開倉日，星期三上午
08：45 起，到下星期三的下午 13：30 止，五個台股開盤日裡，每一天

台灣加權慣性，每周上下波動點數大約 300 點
圖片來源：凱基大三元

的漲跌幅 互扣除後，你會發現到，點數不會超過 300 點。

以周的大盤走勢圖來看，每一個 K 棒的長度，大多落在 300 點之內，
但仍有少數幾周的 K 棒，長過 400 ～ 600 點之間，這是屬於股市有大的
變化，例如大漲或是大跌，相信過去也有過大幅的走勢，但因為後面幾
日，重新站回高點，而讓一周的漲跌幅縮小。

因此，我們可以由這個股市慣性來推論，只要周周去操作深度價外
的價差單，可以穩定的收回權利金。

那麼究竟要隔多少檔才算是深度價外？

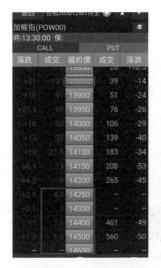 

小資族想要利用選擇權安穩加薪，就要以深度價
外的點位來架設價差單。
圖片來源：凱基隨身營業員，sandy 製圖整理

（2）設台股歷史高點外 1 ～ 2 的點位。

台灣股市到 2020 年 7 月 27 日的新高點為 13031 點，這經歷將近 30 年以來，距離上次的高點在 1990 年 2 月 12 日的 12682.41 點後，才又創下新高點，可見台灣股市要創新高是多麼的艱難。

所以，若依此高點特性來看，我們只要把價差單的點位，設在新高點的價外 1 ～ 2 檔，如 13200、13250、13300 等履約價上，是不是較不容易被突破穿價，再加上設的價差點保險，也將風險鎖住時，也能夠成為上班小資族的加薪術秘技之一。

（3）月選擇權深度價外，肉多又安全。

另外，選擇權裡，每個月都有月選，因為時間較長，時間價值較多，因此，通常在一開倉時點數也較多，這時可以去尋找深度價外的履約價，以 50 ～ 100 點的價差距離來設價差點，等於以一個月的時間，換取更多的價差單權利金，等到時間愈接近時，權利金愈容易歸零，就能穩健收錢，幫自己加薪。

圖片來源：凱基隨身營
業員，sandy 製作整理

以上圖為例，假設現在時間進入 2020 年的 11 月，這時 1 月的月選擇權已經開倉，並且已經開始有交易量，我們可來設 14300SC+14400BC=115-92=23 點，23 點 *50=1,150 元，這筆買權空頭價差單，可收回的權利金為 1,150 元，但因為時間距離還久，因此，價

差距離只有 100 點，保險所需付的保證金為 5,000 元。

　　像這種深度價外的價差單，通常在愈接近時，在還未到結算日前，已縮成 0.1 左右，完全沒有任何價值，屆時，我們可以選擇讓自動結算，或者是提早平倉，拿回保證金以及讓權利金提早入袋。

　　為了讓大家更清楚價差單的損益情況，下單軟體都會有選擇權的損益表分系，一定要善加利用，才能掌控整筆交易的策略優缺點。

　　至於如何組建損益圖，大家不妨參考我的建議：

　　一般我們都會建議組建的是當週的選擇權策略單，我們在賣權的部分買進 10250 履約價，跟賣出 10300 的履約價。組成了賣權多頭價差，所選取的部位跟交易價格、口數都會顯示在最下面。

　　接下來就會跑出我們選取部位的損益兩平圖（參看下圖）。

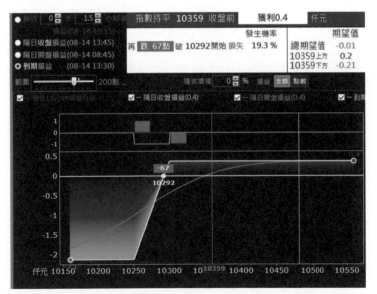

透過損益兩平圖，能夠清楚看出價差單的獲利與最大損失。
圖片來源：凱基下單軟體

　　損益兩平圖有最大獲利跟最大虧損兩大項：最大獲利 0.4 千元
=400，最大虧損 2.1 千元 =2,100，損益兩平點是 10292。我們組建的
賣權多頭價差單，方向上是看多，所以從圖也可以看到，只要漲超過
10292 我們就賺錢。而有了最大虧損跟獲利，我們自然能夠掌控風險。

　　而價差單組一組的成本是 2,500 元，那就是只要履約價相距 50 點所
組出來的價差單成本就是 2,500 元，相距 100 點的就是 5,000 元，以此
類推……。而我們的最大虧損跟最大獲利，兩者相加正好就是此筆投資
的成本，因此，從這裡也可推算出，就算誤判投資方向賠錢了，我們最
多也只會賠進成本，不會全數賠光。比起單一口裸賣的保證金 3 萬元起
來看，既划算又安全，因此，這種深度價外的價差單，被視為是小資上
班族的加薪術。

　　至於如何組建損益圖，大家不妨參考我的建議：

　　一般我們都會建議學員組建的是當週的選擇權策略單，我們在賣權
的部分買進 10250 履約價，跟賣出 10300 的履約價。組成了賣權多頭價
差，所選取的部位跟交易價格、口數都會顯示在最下面。

　　接下來就會跑出我們選取部位的損益兩平圖。

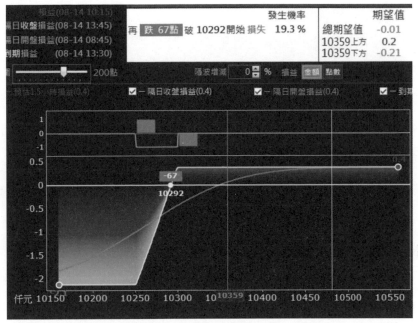

透過損益兩平圖，能夠清楚看出價差單的獲利與最大損失。
圖片來源：凱基下單軟體

看到這邊，大家是不是感覺，這跟筆者在前面章節所介紹的純買方或賣方的損益兩平圖，不太一樣了呢？

其實沒錯，這次的損益兩平圖有最大獲利跟最大虧損兩大項：

最大獲利 0.4 千元 =400

最大虧損 2.1 千元 =2,100

損益兩平點是 10292

那我們組建的賣權多頭價差單，所以當然方向上是看多，所以從圖也可以看到，只要漲超過 10292 我們就賺錢。而有了最大虧損跟獲利，

我們自然能夠掌控風險。

而價差單組一組的成本究竟是多少？

答案就是 2,500 元。

我們同時買進又賣出一口選擇權的成本加起來才 2,500 元，這同時也解決了小資族投資本金不足的問題……。在此容筆者做個小小補充，那就是只要履約價相距 50 點所組出來的價差單成本就是 2,500 元，相距 100 點的就是 5,000 元，以此類推……。而我們的最大虧損跟最大獲利，兩者相加正好就是此筆投資的成本，因此，從這裡也可推算出，就算誤判投資方向賠錢了，我們最多也只會賠進成本，不會全數賠光。

從上述圖表可看出，最大獲利部分，損益兩平點距離，跟指數價格越近最大獲利的利潤就越好，損益兩平點離得越遠，最大獲利就越小。

為什麼呢？

因為在於價差單都是做賣方型，也就是我們都不希望指數漲超過或是跌超過我們的損益兩平點，因為超過就是穿價會虧錢，那距離目前指數越遠的損益兩平點，因為被穿價的機率越低，風險越小，報酬就沒這麼好，但是獲利機會卻會比較大，就是大家常說，穩收租金。

如果選擇權越接近目前指數點位，被穿價的機率就越高，風險越高也代表報酬越好。所以投資不變的真理是，風險跟報酬永遠成正比。在此針對初學者而言，我當然希望學員先從風險最低的開始做起，也就是損益兩平點離的越遠越好。

舉下圖為例，若以超過 A 點，A 組就會虧錢，來跟超過 B 點，B 組就會虧錢的條件相比之下，當然是 A 組更容易達標。

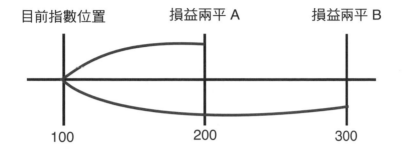

目前指數位置　　　　損益兩平 A　　　　損益兩平 B

100　　　　　　　200　　　　　　　300

價差單的成本 VS. 獲利率

　　新手上路，建議做的都是週選擇權，每 50 點為一格履約的價格，來幫大家算算報酬率，一般我們選擇的價差獲利點數大約都是 5 ～ 6 點，約莫等於新台幣 250 ～ 300 元，獲益率 250 元／成本 2,500 元 *100%=10%／週。一週 10% 的報酬率非常驚人，雖然僅賺 250 元，看似很少，但那是因為本金也低，試問 100 組的價差單成本 =25 萬，25 萬根本買不了幾張股票，但是如果成功獲取報酬，一週是賺取 2.5 萬元。

　　試想，一個月都成功就是賺十萬，獲利率實在非常驚人。

　　由上述的舉例來看，價差單確實解決了新手小資族經常碰上的四個大難題：

小資族的難題	價差單的優勢
風險控管	賺有限，賠有限，風險控管簡單。
本金	只要大方向抓對，不穿價，就不會造成虧損。
多空判斷	價差單建倉後，只需注意是否穿價即可。
盯盤	不需要盯盤，平穩地坐收時間價值。

那麼說到底，價差單眞的有這麼好賺嗎？

其實，每個投資都有它的風險存在，那價差單的風險在哪裡？

嚴格說來，就是「穿價」，指的就是我們預設的條件都被達到，如不跌破 11500 的履約價，結果周三結算卻眞的跌破到 11400，等於被穿價了 100 點。

價差單的最大風險，一旦被穿價了，最多是賠光 2,500 元的保證金，這就是最大的風險，相信這樣清楚的可預測值，是不是安心許多。

再者，因爲之前有提到賣方是收取時間價值，每週三合約到期我們就收取時間價值的獲利，這就好像是房東每個月按期跟房客收租金一樣，因此，我們也把賣方收取時間價值的獲利方式比喻成租金收益。

3.3

組建價差單的時機與技巧

說起來，價差單組建的時機必須具備三大要件：一是能量跟籌碼的確認與向；二是關鍵價格的支撐或壓力；三是波段滿足點或是平均振幅。

而這三項當中只需滿足其中兩項，就能成功組單。

成功組單的關鍵技術在於：

（1）挑越價外的履約價越好

因為前面範例中我們也提到，越價外的履約價，雖然獲利越少但相較也越安全，其實新手在接觸選擇權交易時，最重要的一件事情就是活在市場上。而選擇權本來就是槓桿高的金融商品，所以我們不需要再去追求更高的報酬，來增加我們的風險，僅需要用最安全的方式賺取報酬。

若換算下來，其獲利能力依舊高於很多金融商品。因此在一開始的價差交易裡面，我們會希望新手架單在越外面越好。

（2）架設太遠是否會影響收益？

架設太遠獲利確實不漂亮，所以我會建議新手，在找尋獲利點數的時候，鎖定 6～7 點的獲利價格，利用獲利價格來找到妳的履約價就好。

這樣組單的價格挑選就會相對的簡單很多。

舉例來說，新手一開始往往還不太會挑履約價，這時候，我們只需採用最笨的辦法來慢慢嘗試就好：

步驟 1：當我先按了一組履約價格（14100SC／14150BC）的買權空頭價差，發現右方紅色框框的最大獲利是 500 元。而 800 元／50=16 點。很明顯這個位置不是我們設定的點位，那我們就往外跳一格來看看。

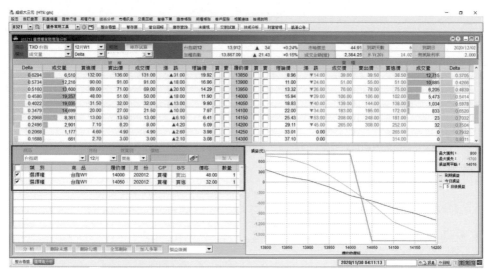

圖片來源：凱基大三元

步驟 2：（14100SC／14150BC）買權空頭價差：我們發現最大獲利剩 325 元，325／50=6.5。符合 6～7 點，所以這組就會是比較推薦新手組建的價差單，同時你們也會發現兩益損平點的數字變大了。也就是離現在的價格更遠了代表也更安全。

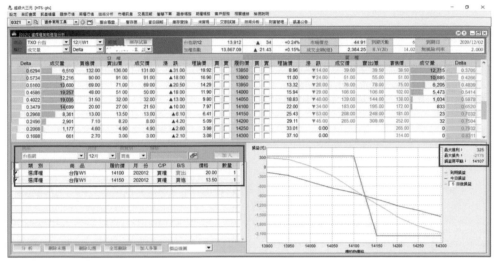

圖片來源：凱基大三元

　　價差單的損益兩平點挑的遠，除了很安全外，在距離上也提供了很好的保護，讓新手一開始在不會看盤的時候，有很好的容錯空間。

　　除此之外，距離遠的價差單在收取獲利的能力也比較快，行情不小心往你的獲利方向噴100點以上，你的損益兩平點就會變成價外在多兩檔，價值會迅速流失。所以，行情若如預期方向噴發，原本你組建位置有價值的部分，會瞬間被收乾時間價值，有時候遇到這種狀況，我們也會稱呼它為暴力收租。

選擇權大漲大跌價差單

　　除了適合上班小資族的選擇權收租型價差單外，若遇上加權指數大漲、大跌時，或深度價外都已萎縮，沒有點數時，又該怎麼操作呢？

在選擇權的領域上，正因為無論是大盤漲、跌或盤整，都有其策略可以獲利，只是獲利機率的大小，以及點位的消失狀況，尤其當遇上台股行情突然急升急跌時的幅度，有人做一口買方，立即翻上好幾十倍甚至百倍，那迷人之處，比中大樂透還開心，不過，這種情況少之又少。

（1）大漲時的買權多頭價差單。

舉例來說，2020 年時 7 月加權指數創新高 13031 點時，前一天晚上台積電 ADR 在美國股市開盤大漲 10%，這時大家都預期得到，隔日加權指數一定會開高大漲上揚，於是這時候就能趁著夜盤時，架設買權多頭價差單。

「買權多頭價差單」，買 CALL 較低的履約價＋賣 CALL 較高的履約價。因為是買大過賣，所以是付出權利金，是買方策略。這時候最大的損失就是權利金，穫利部分則是所設的保險點位，扣掉成本。

舉例來說，假設看好加權指數在周三結算日時，會漲過 13000 的履約價，於是去買 13000 的買權（紅框），這時候得付出 38 點 *50=1,900元的權利金。這時指數得結算在 13038 之後，這筆單才會開始賺錢。

但是，若覺得太貴，又覺得指數可能漲不了那麼多時，可以架

「買權多頭價差單」

BUY 13000 CALL+ SELL 13050 CALL=38-23.5=14.5X50=725 元。

大家可以考量：這組單若花 1,900 元的權利金時，獲利無限，但又考量當時大盤漲上 13031 的歷史新高點機率。

若結算不到成本點位，甚至更低，可能會權利金歸零，血本無歸。

若以設「買權多頭價差單」考量，雖然付出成本較低，從 1,900 元降至 725 元，但是，依舊考量漲上去的機率大嗎？

獲利空間有限，卻得負擔血本無歸，吃上歸零膏的風險，這樣的單是否值得架設，則需要投資人多加思考。

（2）大跌時的賣權空頭價差單。

「賣權空頭價差單」，以買 PUT 較高的履約價 + 賣 PUT 較低的履約價。因買大過於賣，也是付出權利金，是買方策略。同樣，最大損失也是權利金。

舉例來看，假設看空加權指數，會在結算日時跌至 12800 點以下，所以下圖中的綠色框，BUY 12800 PUT，這時得花 54 點 X50=2,700 元。這種裸買方式，獲利無限，但是，卻也因成本過高，歸零，血本無歸的風險也較高。因為若要開始獲利，加權指數須跌至 12746 點以下，才會開始獲利。

但是，若覺得太貴，又擔心指數跌不到那麼低，所以架設「賣權空頭價差單」。

BUY 12800 PUT+ SELL 12750 PUT=54-41.5=12.5 點 *50=625 元。

大家一樣思考：這組單若花 2,700 元的權利金，買大盤的空點須跌超過 12746 點，依現在情勢是否有機會？若跌不到成本的位置，權利金可能會歸零，血本無歸。風險是否值得。

以設「賣權空頭價差單」，雖然付出成本較低，從 2,700 元降至 625 元，獲利空間較大，最多可達 1,875 元，這樣的比例是否值得一博？

CALL			PUT	
漲跌	成交	履約價	成交	漲跌
+19	306	12600	17.5	-15
+15	262	12650	25	-15.5
+15	220	12700	31.5	-18.5
+14	182	12750	41.5	-21.5
+12	146	12800	54	-28
+7	111	12850	70	-29
+4	82	12900	89	-33
+2	58	12950	115	-35
+1	38	13000	146	-38
--	23.5	13050	186	-34
-1	13.5	13100	225	-36
-0.4	8.2	13150	274	-28
-0.4	4.7	13200	317	-31

資料來源：凱基大三元

其實，在架設價差單時，考量的包括成本、風險、獲利機率、投資比率等，都該要去思考在內，最重要是保住自己的投資成本，畢竟惟有留在市場，才能持續獲利。

破除迷思，找到正確的投資策略

一提到選擇權，最常聽到的回應就是：

好危險，千萬不要去做！

就算要做，也不要做賣方，因為會輸一屁股！

賣方好可怕，損失無限！

賣方不好……

試問：若以上述的四種價差點來考量，你覺得那一種容易賠錢？

其實，在進場之前，先把迷思及恐懼給破除及弄清楚，才能在投資選擇權時，輕鬆操作幫自己加薪。

綜合以上的四種價差單，買方的角色，都須等到大盤大漲大跌時才會可能出現獲利空間，試著回想，台股在過去經驗值來看，大漲大跌的比例，大約佔20%，大部分時間都在盤整，所以，反而買方吃上歸零膏，血本無歸的機會大過50%以上。

相對的，小資上班族的加薪術，二種賣方策略，深度價外價差單，反而因為有個「天險」歷史新高，須要突破，因此，似乎相對安全許多，反而有機會周周收租。而因為有買了架差的保險，鎖住風險，最少2,500元賠光，比單買12800 PUT的2,700元還要少，由此來看，賣方似乎沒那麼可怕，買方好像也沒那麼安全。

其實，不管你要做買方，賣方，最重要是做好風險管控，把每一口單的損失都控制在可接受範圍內時，就能好好應用選擇權投資幫自己加薪。

選 擇 權 大 講 堂

做好風控，不要被追繳保證金

一再提醒大家提醒，操作槓桿時千萬不要做到百分百，新手以保證金的 4 成為最佳調控，若是老手則可調高至 6 成。

當大波段行情來時，停損務必要做好，若沒有考量，很可能會接到營業員追繳保證。通常在保證金低於標準水位時，就會被追繳。

當盤中，保證金低於維持保證金時，營業員會來電通知，同時券商也會發簡訊。這時必須在收盤前把保證金補足超過到維持保證金，若來不及補足，券商會以市價砍倉。

而你可能碰到的情況是，當券商市價砍倉後，行情又被打下來，你被砍倉的損失可能就足以令你痛不欲生，所以，千萬不要過度放大槓桿，畢竟市場永遠都在，保持交易原則，嚴守紀律，才是永久生存投資市場之道。

Round 4 —— 選擇權操作實務決勝點

要展開第一筆的選擇權交易前,必須要再掌握決勝點,這個觀念非常重要,投資前你一定要知道。

而經過以上章節詳細介紹選擇權交易模式,以及最適合小資上班族操作,用來賺取加薪的「價差單」後,接下來要進入實務面,因此第一步就是開戶。

選擇權須另外開戶,所以若已經有股票帳戶,可以連絡原本的營業員協助處理,無論如何,最重要的是,是找一家優良期貨商。

4.1
開戶 VS. 下單

對於選擇權菜鳥來說，如何下第一口選擇權？這肯定是既期待又怕受傷害，想半天還是不知從何下手。大家問題一大堆，例如該準備多少錢？找哪家券商承辦，手續費比較便宜？甚至是那種系統比較好用？遑論後面陸續得面對的履約價、如何結算獲利，以及是當買方好還是當賣方好？

面對這林林總總的一堆問題，如何一一解套，且看以下章節陸續說分明！

開戶流程注意事項

現在因為手機非常方便，很多股票投資人也改以手機 App 下單操作股票投資，十分方便，目前，很多期貨商也開始提供手機開戶下單的服務，大家都可以去參考。不過開戶選擇期貨商，有幾點建議：

（1）熟悉度。

進行投資這件事，擔心的事愈少，交易愈簡單，愈能有好的成果，所以，在選擇期貨商，建議先找自己熟悉的公司，很多證券公司同時都有期貨商的營業部門，因此，可以詢問本身的股票經紀人，或者找大公司去參考。

（2）營業員的專業與服務。

若你是第一次開戶，股票期權新手，營業員的服務很重要，有些投資、開戶、下單、入金等問題，新手總是會有較多的疑惑，這時候真的需要營業員的全力協助，才會令你不要怯場。很多投資新手，常因一開始沒有理解造成投資上失誤，例如，下單軟體使用錯誤，造成下錯單，來不及平倉等問題，損失可大可小，重點是，無論是誰，都經不起新手的嚴重錯誤，所以，當你第一次去開戶時，一定要向營業員問清楚細節，不懂再問，一問再問，若對方失去耐心，就選擇另一家開戶，畢竟這是真金白銀的投資，一定要謹慎小心。

此外，營業員的專業也很重要，畢竟你第一次接觸投資，身旁若沒有熟悉的老手帶領，自己摸索慢又危險，所以，尋找業務員首要條件，基本專業一定要有。

記住，沒有人一開始下單就是老手，所以，也無須擔心讓業務員知道你是投資菜鳥，反而要請他們幫忙注意一下，下單過程是不有不妥待提醒之處。

現在因為法令上要求，很多公司都要求業務員的專業度須提昇，甚至很多營業員都有相關的執照，所以，基本專業度都具備。

（3）下單系統的功能完整及穩定度。

投資賺錢尤其是選擇權及期貨市場，時間的把握很重要，所以期貨商的系統穩定度很重要，假設你一口單，想把握最佳獲利位置平倉，卻因系統不穩定，造成交易無法完成時，少賺還好，要是幾秒之差變成虧損，可就會氣到說不出話來。所以，一定要找系統穩定。

另外，現在券商服務都非常好，會針對客戶不同需求開發不同的下單系統，雖然基本功能都差不多，但還是會有一些小地方大不同，若想要針對選擇權期貨，會有相關的參考數值，以下單方式，這點可以向期貨商的營業員詢問，經過一一比較後，可以選擇自己看盤下單最符合自己需求的軟體來使用。

選擇權的手機介面，對投資人來說，非常方便及清楚，只要多練習重複操作，相信只要短短五分鐘，你就能正式進入選擇權世界。

開戶流程一眼通

現在開戶真的很方便，只要找到期貨營業員後，準備好相關必備資料時，就能很輕鬆的開戶完成，而現在還能夠本人臨櫃或是線上開戶二種。那一般臨櫃開戶需要準備些什麼又有哪些需要留意呢？

開戶的年齡限制，僅限我國年滿 20 歲以上之自然人開戶，109 年法規修案，超過年齡 70 歲以上之投資人，須附上相關財力證明始能開戶。開戶準備資料如下：

- ‧身分證正本。

- ‧第二身分證件正本：健保卡、駕照、戶口名簿、戶籍謄本等。

- ‧指定出入金的存款帳戶存摺：所謂的出入金，指的就是把操作選擇權的資金，匯入指定帳戶內，選擇權與股票不用，必須帳戶內先有一筆資金，才能開始交易，否則在未入金前，下單都無法成功。

入金就是匯入資金，出金則是把資金匯出，因此，最好找與期貨商有配合的銀行，做為出入金的帳戶，可省下每次的出入金的手續費。

- ‧私章或本人簽名。

本人親臨櫃或期貨公司下單流程：

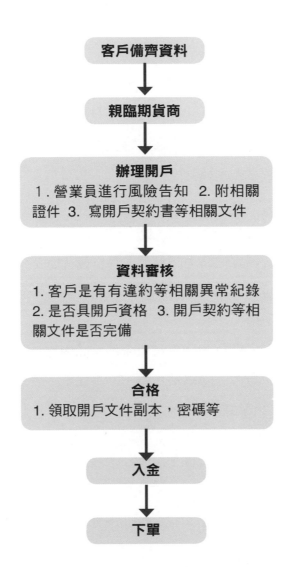

客戶備齊資料

↓

親臨期貨商

↓

辦理開戶
1. 營業員進行風險告知　2. 附相關證件　3. 寫開戶契約書等相關文件

↓

資料審核
1. 客戶是有有違約等相關異常紀錄
2. 是否具開戶資格　3. 開戶契約等相關文件是否完備

↓

合格
1. 領取開戶文件副本，密碼等

↓

入金

↓

下單

線上開戶流程

各券商程序略有差異，這裡以華南券商的線上開戶為示範，大家可以自行詢問不同券商的流程。

因應時代的改革，以往的期貨僅能臨櫃開戶，進步到線上也能提供開立期貨帳戶功能，能解決工作不便或是時間無法與營業員配合的難處。那線上開戶需要準備些什麼又有哪些需要留意呢？

· 準備一支智慧型手機。

· 攜帶身份證、健保卡、約定出入金之銀行帳戶或存摺。

最後則再次提醒一下，線上開戶必須注意：

· 開戶基本資料之戶籍地請務必與身份證背面完全相同。

· 僅限我國年滿 20 歲及未滿 70 歲且尚未於該期貨公司開立期貨帳戶之客戶使用。

· 線上開戶各家期貨商皆有視訊服務時間因應法規規範，線上開戶之可使用保證金上限為新台幣 100 萬元整，若交易保證金超出此需求，需改成臨櫃開戶。

線上開戶流程簡圖

備註:線上開戶即是於期貨商官網下載 APP,並依照步驟填寫,除了視訊認證之外,基本資料填寫皆無須趕在營業時間做辦理,很適合上班族或是無法與營業員時間配合的投資人。

資料來源:華南期貨 openwin app

華南期貨入金表

總公司(含 IB)　戶名：華南期貨股份有限公司客戶保證金專戶	
【國內期貨】	
華南銀行民生分行 (銀行代碼008)	台幣/外幣帳號--96600＋客戶期貨帳號(七碼)
國泰世華銀行南京東路分行 (銀行代碼013)	台幣/外幣帳號--9393＋客戶期貨帳號(七碼)
中國信託商銀市府分行/營業部(銀行代碼 822)	台幣/外幣帳號-- 98918＋客戶期貨帳號 (七碼)
台灣企銀松山分行(銀行代碼050)	台幣帳號--9900140＋客戶期貨帳號 (七碼)
【國外期貨】	
華南銀行民生分行(銀行代碼008)	台幣/外幣帳號--96210＋客戶期貨帳號(七碼)
國泰世華銀行復興分行(銀行代碼013)	台幣/外幣帳號--9345＋客戶期貨帳號(七碼)
中國信託商銀營業部(銀行代碼 822)← 新增!!	台幣/外幣帳號--98352＋客戶期貨帳號(七碼)
台中分公司　戶名：華南期貨股份有限公司客戶保證金專戶	
【國內期貨】	
華南銀行民生分行(銀行代碼008)	台幣/外幣帳號--96603＋客戶期貨帳號(七碼)
國泰世華銀行南京東路分行(銀行代碼013)	台幣/外幣帳號--9590＋客戶期貨帳號(七碼)
中國信託商銀市府分行/營業部(銀行代碼 822)	台幣/外幣帳號-- 98917＋客戶期貨帳號 (七碼)
【國外期貨】	
華南銀行民生分行(銀行代碼008)	台幣/外幣帳號--96213＋客戶期貨帳號(七碼)
國泰世華銀行復興分行(銀行代碼013)	台幣/外幣帳號--9346＋客戶期貨帳號(七碼)
中國信託商銀營業部(銀行代碼 822)← 新增!!	台幣/外幣帳號--98353＋客戶期貨帳號(七碼)

資料來源：華南期貨官網，相關資訊可詢問營業員或掃 QR-code

手機下單

　　手機下單是目前交易上的一個**趨勢**，很多上班族的理財工具，所以，特地介紹手機下單的方式。每家期貨商畫面不盡相同，但幾乎相同，因爲手機下單的開放爲同一家，所以，只要學習下列方式後，應該可以順利下單。

　　接下來就爲各位讀者介紹如何使用手機下單，步驟如下：

　　步驟1：打開手機，進入交易介面，並點選交易功能內的「選擇權」交易。

　　步驟2：點選商品名稱爲「台指選擇權」，旁邊有單式、複式二種，單式多採「直接買進」；複式則採「組合單、價差單、複式單」模式。

　　步驟3：點下複式後，營幕將會出現T字下單報表。

　　步驟4：找出要下的履約價後，介面會顯示目前價差金額，而這個金額就可能是自己的獲利。

選 擇 權 大 講 堂

選擇權手機下單流程：(許湘庭整理製表)

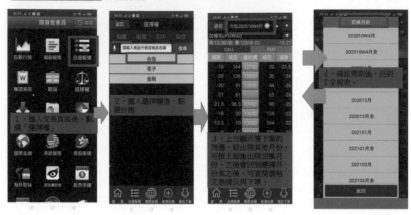

單式價差單下單流程：(許湘庭整理製表)

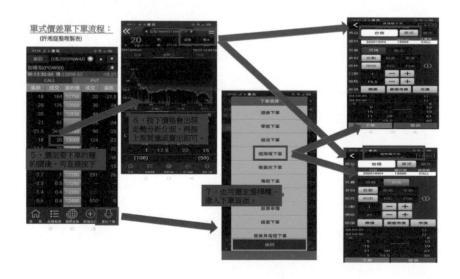

複式價差單下單流程：(許湘庭整理製表)

按下複式，會進入下一個T字下單畫面。

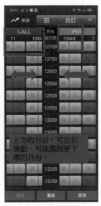

上方的月份，可左右滑動，可選擇到要下單的月份。

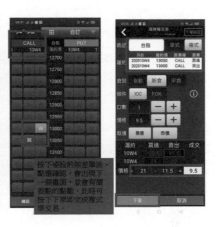

按下撮股的架差單後，點選確認，會出現下一個畫面，並會有價差點的顯示，此時可按下下單即完成複式單交易。

4.2
交易介面的委託條件與運用

以現在操作選擇權交易上，要以最方便，最適合上班放的工具，就是以手機，簡單又能隨身帶著走，讓入門門檻低時，大家就能善用此選擇權，為自己賺取工作以外的被動收入。

而選擇權的下單介面，每家券商幾乎相同，因為都是採用同一家系統開發商，因此，雖然不同券商，但下單流程大同小異，只要多練習幾次，都可以上手。但介面上有三個關於價位，一定要注意。

　　通常當我們在委託選擇權時，我們常常看到下單介面有「IOC」、「FOK」、「ROD」這三種委託條件（參見以下三張圖），這三張圖的差別在於：

　　第一張圖為電腦下單畫面，第二張為 APP 選擇權組合單下單畫面，至於第三張則是電腦下單多次 IOC 畫面。

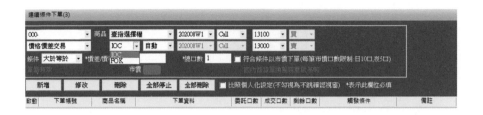

ROD（Rest of Day）：指「當日委託有效單」，指送出委託單之後，只要不刪單，此張委託單到當日收盤前都是有效的（當盤有效）。而使用限價單掛出委託單時，系統也會自動設定為 ROD 委託。

IOC（Immediate-or-Cancel）：指「立即成交否則取消」，指送出委託單之後，允許部份單子成交，其他沒有滿足的單子則取消。當投資人掛出市價單時，系統會自動設定為 IOC。

假使今天使用 IOC 委託 10 口委託單，市場上如只有 5 口委託單成交，則其餘 5 口委託單皆會被取消，投資人如需交易則需再次委託送單。

FOK（Fill-or-Kill）：指「立即全部成交否則取消」，當送出委託單當下，必須全部委託的總口數單子皆成交，如沒有全部成交時則會全部都取消委託單。

假使今天使用 FOK 委託 10 口委託單，市場上如只有 5 口委託單符合成交資格，但因為規則需為全部成交，因此此筆委託則會全數取消，投資人如需交易則需再次委託送單。

筆者在此要特別解釋一下 IOC 與 FOK 的差異：IOC 通常可以允許部份成交，但 FOK 需要市場上有足夠的口數皆成交，否則就會全部取

消刪單。舉例來說，當投資人委託下單賣出 10 口小台，市場上只有買進 6 口可成交的情形下，IOC 會成交 6 口，另外 4 口會取消；但在 FOK 委託條件之下，則因為市場上只有 6 口可被成交，未達到符合資格情形，所以 FOK 委託單會全部取消。

再次提醒各位，選擇權組合單，進場條件僅能選擇 IOC 或 FOK 唷！

委託方式的運用

投資人在開始進行選擇權投資時，多半都會有疑問，不知道自己什麼時候該用哪一種委託？各種委託條件在使用上，又有什麼需要注意的事項？其實，平估方式很簡單，我在這邊為大家一一做介紹：

案例 1：假使今天有一個價格要進場，則可以使用 ROD 做委託。

這是因為一般委託的 ROD 功能，僅能做低買高賣的使用，若今天是要做突破或跌破價格做追價進場，則要改用智慧單的觸價 ROD 做委託，否則高買低賣是會馬上成交的！

案例 2：假使今天看到價格突破區間，我們除了可以使用 ROD 進場之外，也可以使用 IOC 做進場，IOC 也就是俗稱的市價進場。

而這是因為期貨市場就是零合遊戲，當你做委託進場時，同時也要另一方委託出場才會成交，在期貨市場的順序來說，市價委託進場會優先於限價委託。

案例 3：假使今天欲總委託口數為 10 口，若想要這 10 口都一次成交，就可以使用 FOK，表示今天若委託 10 口單，市場上僅有 9 口單可被成交，則會 10 口全數退單。

嚴格說來，此項功能目前僅有極少數投資人會使用，且容筆者暫時略過不提。

至於交易時經常聽到的市價、限價、範圍市價等特殊條件別是什麼？又有什麼需要注意呢？

首先，是委託的種類，分為以下三種。

市價單	限價單	一定範圍市價單
不指定價格	指定價格	不指定價格，但可控制成交價格於一定範圍內
漲跌停範圍內任何價格	買進：限價以下 賣出：限價以上	買進：轉換價格以下 賣出：轉換價格以上

而目前台灣期貨交易所，針對委託條件別，則有單筆口數的上限。

市價單	限價單	一定範圍市價單
股票期貨及股票選擇權：499 口 其餘期貨商品：100 口 其餘選擇權商品：200 口		日盤：10 口 夜盤：5 口

4.3
下單後的安全守則：停損 VS. 停利

在投資的世界裡，賺錢沒什麼了不起，如何做到漂亮出場，這才是大學問。不管是任何投資，停利才是最大關鍵，而投資人多半就敗在這裡。由此可之，這才是真正的致勝關鍵，接下來就讓我們來認識停損與停利。

首先是筆者慣用的停損模式：第一是絕對停損，第二則是目標停損。

（1）絕對停損

這是我鼓勵新手時最喜歡採用的方式，原理就是設立停損點數或價格。例如：做多時，買選擇權 BC 一口，成本 20 點，停損可能就設定為 10 點，或者是停損設定帳上損益 -500 時停損。

（2）目標停損

因為要搭配傳統技術分析，這對新手來說會比較困難，但不論原理是否艱難懂，只要開始交易並且嫻熟操作模式後，我還是會希望即便是新手，依舊都要學習目標停損，這樣才能讓自己的交易績效更亮眼。

假設現在整體趨勢是多方，在 W 型態打底後的第二隻腳買進 BC。而我的停損就會設前方的第一隻腳，也就是前低。道理很簡單，如果今天趨勢正確，本來就不該破前低。相反，如果今天趨勢做錯，價格就會

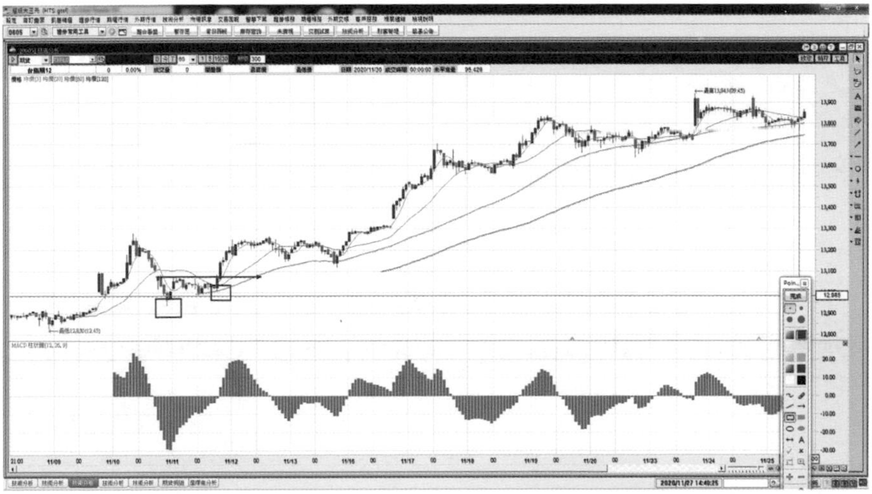

資料來源：凱基大三元

再持續往下摜破， 那麼自然就不需要承擔損失，只需用前低就可停損出場。

若你問我會如何操作，我的建議是，既然設定了停損，那麼便請嚴格執行，以免心魔又作祟，不僅賠進一堆資金又藉口一大堆。相信很多人都曾在這裡嚐過敗績，所以，請務必嚴格執行，否則你就不適合進行這項投資交易。

而介紹完停損模式後，接著再談談停利模式。有關這部份，我慣用的方式是絕對停利。

（3）絕對停利

這就跟設立停損一樣，你必須設定點數跟價錢停利。例如 +30 點出

場，或整體部位賺 1 萬元就出場。而我習慣的模式是目標停利、折返百分比停利、折返點數停利、移動停利。

模式 1：設定一個目標，一旦達標就出場，務必精確設立停利點。

資料來源：凱基大三元

模式 2：採用「折返百分比停利」，觀察行情噴出或拉回至多少百分比時便停利。每次折返不得超過總獲利的 25%；一旦超過，我便會出場。

模式2:折返百分比停利

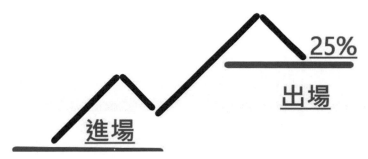

資料來源：凱基大三元

模式3：遵守「折返點數停利」原則，設定拉回點數，只要達到 -50
以上的幅度，我就出場。

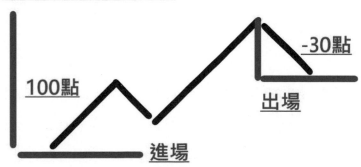

模式 4：選擇「移動停利」模式。此為多口數時採用的操作方式，標榜先「落袋為安」，但也不用怕賺不到後面的行情。以下圖為例，通常在 2 的時候，我會設定一個獲利出場點並留下一部分口數，繼續獲利。當行情發動時，分別在遇到不同壓力價格時，先行分批落袋為安，後面口數越少時則繼續往上抱。

資料來源：凱基大三元

　　以上就是幾個新手可以掌握的停利跟停損的操作模式，筆者再次提醒大家，進場前先想好，進場後再看看，並且務必要嚴格執行。

賺賠比 VS. 資金比

　　此外再跟大家簡單聊聊所謂「賺賠比」跟「資金比」這兩個概念。

「賺賠比」指的是我賺多少，跟賠多少的比例。而「資金比」指的是我擁有多少本金，以及跟進場時會運用多少本金的比例。

這兩件事情將完全影響你設立停利、停損時的條件。因為每位投資人進場前一定都會是先評估這筆單的勝率，也就是機率，進而再去微調停利或停損條件以及部位大小。

若問我最好的資金配比，我會建議新手的配比為 6：4，也就是本金6 成， 但下 4 成就好。反過來說，老手可以微調到 4：6，也就是保留 4成本金，但下 6 成資金進場。

至於賺賠比，我通常會建議大賺小賠，至少做到賺一次賠二次，也就是 2：1 的狀況。若是抄短線，至少也要做到 1：1，就是賺一次賠一次，打平的結果。總之，雖說投資有賺有賠，但始終堅信自己的勝率較高，這才是最好的方式。

選擇權當沖交易最佳點位

選擇權點數的跳動，通常會根據價格變化而有所轉變，舉例來說，選擇權計算的方式是點數，即 T 字表上、履約價旁的成交點數，1 點，2 點，會隨著時間及大盤加權指數的起落而跳動變化，每一點為 50 元。

但隨著成交點數不同，選擇權點數跳動也有不同，10 點以下， 是以 0.1 為一跳，例如：

10 點以下→如果價格往下掉，其移動方式是： 9.9 → 9.8 → 9.7

10 點 以 上 → 若 到 50 點 以 下 就 是 0.5 為 一 跳， 例 如：
→ 10 → 10.5 → 11 或 50 → 49.5 → 49

50 點以上→就是一點 為一跳，例如：50 → 51 → 52

70 點以上→就是 2 點為一跳，例如：70 → 72 → 74

大家有沒有發現一個重點：50 點以上是 1 點一跳，50 點以下是 0.5 一跳。所以，成交點數價位落在 45 ～ 50 點 的履約價，這是當沖選擇權交易最愛的位置。

這是因為在賺錢時，往上跳動是 1 點， 賠的話則是變成往下以 0.5 點跳動， 而 45 ～ 50 點的選擇權點位，買進的成本也落在 2,250 ～ 2,500 元為一口，還算是平易近人的投資成本。

換句話說，投資選擇權時，不同價位通常伴隨著不同的策略操作，投資人必須活用這些觀念來增加交易勝率：

（1）10 點以下的價格—樂透翻倍行情

10 點以下的價格，代表距離目前價平的位置還很遠，因為價值很低，所以失敗率很高， 除非預測趨勢會出現巨大變故情，例如暴漲或暴跌，也就是中樂透彩了，一翻幾十倍，否則往往失敗率很高。

這就是為什麼叫樂透單的緣故，因為樂透不好中，失敗率很高，加上成本極低，翻倍率高，故而總結下來，如果要去做 10 點以下價格的買方，就要賭會有翻倍行情的出現，另外更要有「一切歸零」的心理準備。

（2）選擇 45 ～ 50 點的價格—當沖最佳點

因為在這之間的價格最平穩，也通常落在價平附近，算是一般做當

沖的投資人，最常買進的位置。

（3）70點以上的位置—較穩的賺賠

因為是 2 點一跳的位置，代表賺賠速度非常快，成本也較高，好處是價格翻倍快，強調快市行情，極短線操作，快進快出。所以，每個價格區間的操作不一樣，選擇哪個位置，取決於投資人當下抱持何種心態買進？打算做怎樣的交易？

下單前，一定要有一個屬於交易心態與策略計畫的藍圖，很多人在市場上浮沉多年，卻始終無法賺到錢，我相信最大問題就在這裡……。

很多人看到股票大漲或指數跳動時，往往就會興沖沖地跳進去交易，等到賠錢時方才懊惱問自己：「我為什麼要貿然進場？」而可悲的是，反省半天之後得出的結論竟然是：「看到別人做，所以我就跟著做……」，或是乾脆狡辯：「我以為會漲！」

但不論如何，就是無法提出一個利多原因或看法，遑論交易策略了……。

所以請記住，投資市場是來回起伏波動的，它不會有突然冒出一個漲勢，一根漲停就往上直衝，它通常是採取波動式地踩上去或掉下來，所以，請大家務必要有交易計畫，例如為什麼進場？進場時機點的計畫、出場時機點的規畫等等。

選 擇 權 大 講 堂

什麼是「虛擬帳戶」？

當投資人於所屬期貨商開立完成期貨戶時，將會收到乙組「期貨帳號」。而交易期貨第一個，就是必須先存入需交易商品之保證金，存入流程則必須從當初開立期貨帳戶時約定之銀行帳戶，轉匯金額至期貨商給予的「虛擬帳戶」。

這裡給投資人小提醒：非約定之入金帳戶與非本人入金，都會造成入金不成功。

4.4
判別大盤多空方向 ❶──支撐 VS. 壓力

相信菜鳥肯定都會有這種懷疑，總覺得市場在跟自己做對？買進做多，就跌；買進做空，就漲……，每每想起就眼淚直直落！

其實追根究底，問題很簡單，那是因為我們無法分辨市場的支撐與壓力何在？究竟什麼是支撐？壓力又是什麼？這其實是開始進入投資市場時，一定要率先釐清的觀念！

投資交易市場裡，影響價格變化最重要的關鍵之一就是成交量，例如：市場一杯咖啡賣 70 元，大家覺得價格合理，所以，買賣的人就不多。反之，當這杯價格從 70 跌到 20 元，大家就會覺得這杯咖啡的價格實在太便宜了，進而開始出現大量的訂單……。

價格太高讓大家覺得貴，或是超出心中價格，這都會降低大家的購買意願，成交量自然也就變小。而支撐壓力表正是可以看出目前本周選擇權市場上，每個履約價的交易情況。成交量大，代表這邊人多訂單多，有越多的人認定這裡的點位，可能達成或無法完成。換言之，人多的地方所產生的價格支撐跟壓力自然就越強。

如同以下這兩張圖所要闡述的：大家可以在 GOOGLE 網站的首頁搜尋「玩股網」，在玩股網的項目裡找到期權，期權分類裡就有選擇權支撐壓力表的資料。這些服務網站都是免費提供，可以在每天下午收盤後，上這個網站來觀看，在每一個不同價位的成交量變化。

資料來源：玩股網 https://www.wantgoo.com/

以下這張圖為例我們可以看到最大未平倉量，在履約價賣權 12200 跟買權 12600，代表著當價格跌到或漲到這兩個位置的時候，就會有相對應的支撐跟壓力出現，因為這邊成交量最大。

所謂支撐跟壓力，指的就是當價格下跌到支撐點時，就會跌不下去，變成低點反轉向上的位置。壓力也是，當價格漲到壓力點是，價格就會漲不過去，反轉向下。既然我們知道最大未平倉量會有支撐跟壓力，就可以把價格架在最大未平倉量之外，這樣我們就擁有天然的防護屏障，避免被主力穿越我們的損益兩平點。

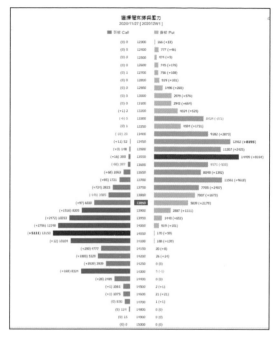

資料來源：玩股網 https://www.wantgoo.com/

4.5

判別大盤多空方向 ❷──K 線排列、型態

K 線是市場上最多人用的技術分析指標，它反應了價格、籌碼、甚至是市場投資人的心理，K 線的變化，都在訴說投資的心情寫照，你的我的大家的，甚至大戶、外資都在其中，只是想要從中勝利，必須比別人多一分解讀，早一步看見轉折時，就能贏得先機。

　　大家常常會在投資交易軟體上，看到一根根紅色或綠色的柱體，我們習慣稱呼它們為 K 線（K 棒），所以，只要你想投資股票選擇權市場，就一定要去認識它們。因為 K 線就好比是市場的語言、單字，只有學會了，你才能與市場溝通與對話。而一根 K 棒，通常由四個價位所組成：分別是（一）開盤價；（二）最高價；（三）最低價；（四）收盤價。

　　K 線其實是由不同的時間軸組成，所以我們也能稱其為相對應時間軸的 K 線，舉例來說，如果我們知道 K 線是用來記錄價格變化的柱狀體，那麼我若是紀錄 5 分鐘內的價格變化，那我就會稱它們是「5 分 K」；如果我是紀錄一整天的價格變化，那我就會稱它們是「日 K」。而這個 K 線的時間軸，可以透過自己的操盤軟體去調整。

　　根據我們選擇時間不同，技術分析圖就會呈現相對應的時間 K 線價格排列，一般說來，當我們在看 K 線的表現時，便可隨機觀察到在這段時間內，整體市場對於價格判讀時的強弱程度。

　　如果收盤價大於開盤價，代表價格上漲，所以 K 線會變成紅色。而

K 線的四個重要價位

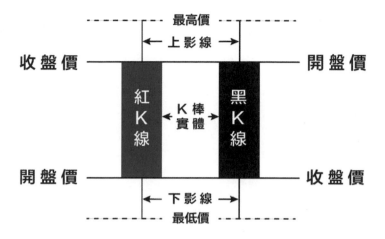

資料來源：凱基大三元

收盤價低於開盤價，代表價格下跌，K 線就會呈現綠色。

K 線排列

影線的高點代表在這段時間內，價格曾經來到的最高點，低點則是這段時間內的最低點。但若是最後收盤價低於或高於影線，留下柱狀體跟影線的樣貌，而這種影線越長，其所代表遇到的賣壓或買盤就越強。至於四種 K 棒所表達的意義分別是：

1. 光頭光腳—漲勢氣勢如虹

2. 一般紅 K 趨勢還不明顯

3. 買方大於賣方

4. 賣方大於買方

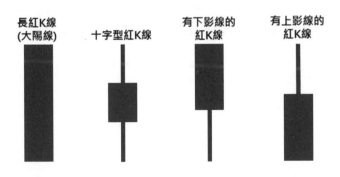

（1）第一根長紅 K 棒，大陽紅：價格最高點＝收盤價最高點，後市多半看多，因為還有更高的價格尚未出現，所以在收盤時也沒有跌下來，直接收在最高價，這種 K 線通常都是「強烈看多」的訊號。

（2）**十字型紅 K 線**：多、空兩方在經過一陣廝殺後，雖然盤中有最高跟最低點的到來，但是買方在來到最低點時，硬是買了上來並且超過開盤價，最後收了紅 K，這種 K 線訊號通常象徵「盤整偏多方」，代表多空方在廝殺的過程中，還是多方佔優勢最後守住了紅 K，但也由於創高後的價格沒有守住，所以我們視他為「弱勢多方」。

（3）**有下影線的紅 K 線**：代表曾在這段時間內創下新低點價格，但即便如此，最後硬是被多方買上來並且收在最高點，這也是多方強烈表態的訊號。

（4）**有上影線的紅 K 線**：曾在這段時間內創造出最高價格，卻被空方硬生生賣了下來，代表多方在進攻價格的過程中遇到壓力，是多方由強勢即將轉弱勢的訊號。

基本上，盤勢既有多空兩面，K 線自然也是如此。紅 K 線的反面就是綠 K 線（黑 K），通常會出現在收盤價低於開盤價格的時候，代表著目前市場看壞後市，但卻又形成不同價格的黑 K 收法，每種線型均有不同的涵義。這四種綠 K 棒分別代表的意義是：

1. 光頭光腳—跌勢最強

2. 一般黑 K 趨勢還不明顯

3. 買方大於賣方

4. 賣方大於買方

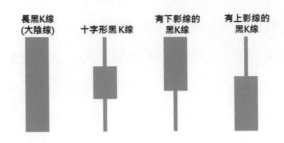

長黑K線　　　　十字形黑K線　　有下影線的　　有上影線的
（大陰線）　　　　　　　　　　　黑K線　　　　黑K線

（1）光頭光腳長黑K：代表空方氣勢很強，從一開盤就一路往下殺，沒有任何回頭的機會，最後甚至以最低點作收，通常代表非常看壞後市，才會有這樣的價格反應。

（2）黑K十字線：出現這種K線代表盤中價格曾創新高也曾創新低，但不管高低，最後多空兩方都沒有守住自己的位置，算是一種多空力道相當且無法分出勝負的平衡且競爭的狀態。但由於K線還是收黑K，所以會以「盤整偏空」的思維去思考。

（3）有下影線的黑K線：價格曾創低但是卻被多方守住了，這代表多方企圖守住一些關鍵價格，不讓空方輕易跌破，既然多方有意防守，看到長下影線的黑K，我們也會特別留意現在空方是否反轉或減弱。

（4）有上影線的黑K線：價格曾創新高但最終還是被空方打了下來，也就是說，在多方企圖反轉的攻擊下，空方順利再下一城，這代表上方壓力仍然沉重，對於整體後市的價格還是較為看壞。

總之，K線在不同價格、型態、時間區間所排列出來的樣貌，均會出現不一樣的解讀，就好比一個英文單字因為前後語法的不同，往

往也會產生不同的涵義。而透過紅 K 與黑 K 的價格介紹，你會發現 K 線是專屬於價格走勢的語言，看懂紅黑 K 線之間的關係，就能掌握住未來的價格走勢。也會發現整個紅黑 K 線也算是一種紀錄，紀錄著多空雙方互相較勁後的結果。

　　至於我們，多方跟空方誰略勝一籌，我們自然就跟著誰走，交易時的我們就像是牆頭草，風往哪邊吹，我們就往哪邊倒，就是順勢而爲。再此提醒大家

　　K 線是單字，型態就是句子，當我們背熟單字後，便要懂得解讀句子，才算融會貫通了。

K 線型態

　　當我們在 K 線技術分析圖上看到這種型態，K 線排列（藍色線）會排列成 W 的形狀，而紅色線就是俗稱的「頸線」（壓力線），當價格第二次再來到頸線時，此時多方如果突破頸線，後面容易會有噴發行情，因此視爲多方型態。

　　新手可以先認識幾個我認爲最基礎的多方型態，雖說型態上百種，但萬法不離其宗，依舊可分爲以下三大類：

1. W 底

2. 上升直角三角形

3. 三重底

W 底

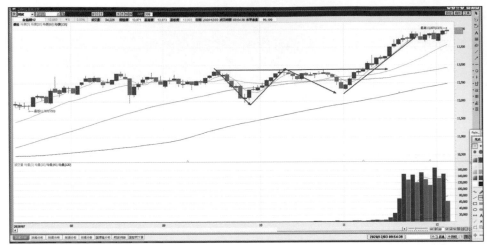

資料來源：凱基大三元

上升直角三角形

資料來源：凱基大三元

　　「上升直角三角形」是筆者最喜愛的型態，因為這個型態成型後的突破勝率最高，平行藍線是壓力線，而 K 線排列構成底部較高的形狀，在此有個小口訣分享給大家：「低不過前低，直逼頸線」。換句話說就是，當行情正式壓縮到頸線是，價格就會往多方噴出。

三重底

資料來源：凱基大三元

　　「三重底」其實就是 W 的延伸，因為第二次挑戰頸線失敗，而重新打腳再次挑戰壓力線，人們常常說事不過三，因此三重底的突破力道，又會比 W 型態的突破力道來的強，也算是多方型態中非常強勢的格局。

　　反過來說，空方型態也很多，主要型態則以下列三種為主：

1. M 頭

2. 下降直角三角形

3. 三重頂

K 線排列上形成 M 字樣的型態，就好像 W 型態的相反，再二次來到支撐線時，有更大的機率跌破支撐，造成一股空方攻擊，在這種時機點上，我們可以利用型態布局空方操作，等跌破支撐線後，出現長黑 K 線的獲利行情。

M 頭型態

資料來源：凱基大三元

　　「下降直角三角型」藉由 K 線排列出此形狀，最大特性跟小口訣也是「高不過前高」，不斷壓縮逼進支撐線，此種型態也是我最愛用的型態之一，突破勝率也非常高。

下降直角三角形

資料來源：凱基大三元

　　「三重頂」也是 M 頭的一種延伸，有時在 K 線裡會覺得當價格重複來到同一個價格做測試時，通常都不會是一個好現象，尤其透過三個確認支撐的跌破力道，往往更加強勁，也算是空方非常強力的格局。

三重頂

資料來源：凱基大三元

雖然透過型態觀念的確立，我們可以知道當型態出現時，應該做多還是做空，但光靠這樣就可以交易成功嗎？型態的勝率又會百分百嗎？

當然不是，事實絕對沒這麼簡單！因為型態的突破還是有失敗率，也就是俗稱的「假突破」、「騙線」，所以，除了 K 線外，奉勸大家還是要多多修練其他技術指標，並在進場時多加觀察留意才行。

4.6
判別大盤多空方向 ❸──簡易技術指標

不管何時，任何指標都有「鈍化」的可能，也就是出現價格失常，導致指標準確度失真或過熱，因此在使用指標時，必須小心這種狀況發生。而筆者真心建議，大家不妨把接下來要介紹的三大指標擺在一起比較─當三大指標同時符合客觀條件時，方才進場投資交易。

MACD 指數平滑異同移動平均線

MACD（Moving Average Convergence ／ Divergence）屬於一般投資人用來判斷中、長期方向的指標，主要是利用一個短期跟長期的指數移動平均線，將兩者相減計算出 DIF 值，再利用 DIF 值的移動平均線來作為 MACD 的訊號線。

依據兩條線的相互交叉，就是大家常常聽到的黃金交叉（買進）與死亡交叉（賣出）。當快速線 DIF 由下往上，穿過慢速線 MACD 訊號線，便成為黃金交叉，適合買進。反之，快速線 DIF 由上往下，穿過慢速線 MACD 訊號線，即成為死亡交叉，適合賣出。投資人可再依據訊號是出現在 0 軸之上，或是在高低檔的位置出現交叉，穩健操作，這當中其實都含有差異甚大的含意。

而由下圖可以看出，我們可利用 MACD 的交叉，帶給我們簡單做多或是做空的方向參考。但由於 MACD 算是落後指標的一種用來反應長線的趨勢，在遇到短線行情反轉的時候，就會失真。

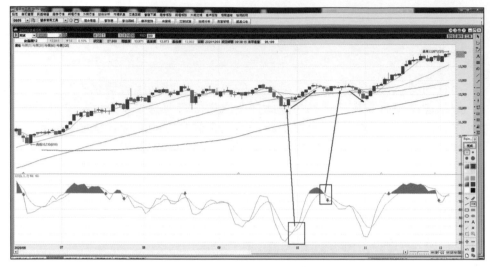

資料來源：凱基大三元

KD 隨機指標

相較於 MACD，KD 指標（Stochastic Oscillator）比較常被用來當作短線的動能參考依據，因為 KD 用的參數較小，所以相對性也較靈敏，但是也較容易有所謂「騙線」或雜訊的干擾，因此建議可以搭配 MACD 做一個判斷。

由下圖我們可以看到近期的大盤指數，買進點 KD 低檔黃金交叉，隨後 MACD 也呈現黃金交叉，視為買進的時機點，這個現象我們也發現 MACD 確實反應比較慢一點，但是對於比較保險的投資人，可以等到訊號都一致的時候，在考慮買進，相反的對於比較積極的操作者，因為 KD 比較靈敏，所以可在第一時間就抓到機會進場，但同時也要小心因太過靈敏所產生的假動作。

‧KD 的 K 值在 80 以上要小心「高檔鈍化」

‧KD 的 K 值在 20 以下要小心「低檔鈍化」

鈍化後容易失眞，但也可能是乖離過大要走反轉的訊號，投資人要針對其他訊號跟基本消息面去做判斷。

至於剛剛提到 MACD 對於價格有時因敏感會跟不上，所以我建議大家不妨將兩個指標同時開啓並做比較，試著找出最佳進場點，也就是兩個指標都符合交易進場訊號時。

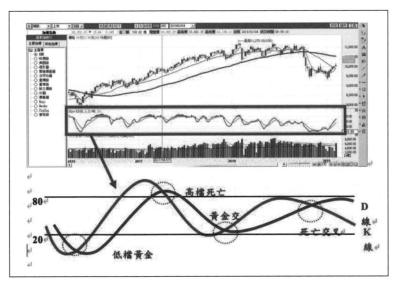

資料來源：凱基大三元

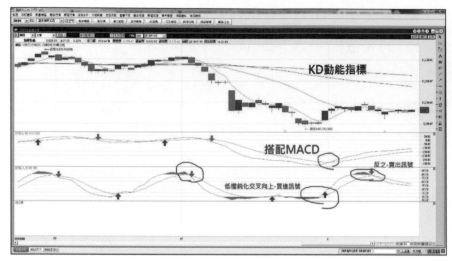

資料來源：凱基大三元

RSI 指標

RSI 指標（Relative Strength Index，RSI）又稱為相對強弱指標，透過市場近期漲跌的變化量，衡量近期一段時間內的買盤與賣盤，雙方的相對力量強弱程度。講的白話一點就是：一段時間內的平均漲幅跟平均跌幅的比值。

一般來說，當 RSI 的數值在 70 以上，我們稱為買超；若在 30 以下，我們則稱其為賣超。而不管任何指標，其實都會有鈍化（因價格失常，導致指標準確度失真或過熱）的可能，因此筆者誠心建議大家，不妨把三大指標擺在一起比較，唯有這三個指標都同時符合客觀條件時，方才

會進場交易，確保穩健投資不賠錢。

　　而從上面三張圖來看即可發現，唯有三個指標都準備交叉向下，而且呈現背離過熱的反應，筆者這此方才會考慮出手空單。

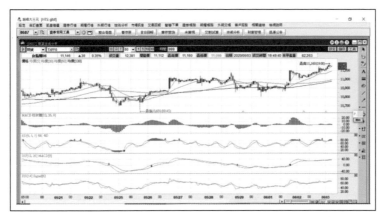

資料來源：凱基大三元

4.7
判別大盤多空方向 ❹——盤勢 VS. 趨勢

多、空方向的價格判讀，決定盤勢趨勢，這個觀念是協助新手在一開判斷多空方方向上的奠基石。在整個投資觀念裡，大家一定要從本質上去了解，用簡單的生活理解整個交易模式，畢竟追根究底，交易無非就是一種「走心」的買賣，例如上市場買菜、滑手機逛蝦皮電商等等……。

盤勢

盤勢，就是目前大盤的態勢，也就是說，目前 K 線價格的狀態。一般分為（一）攻擊；（二）轉折；（三）休息。而因應不同價格狀態，我們會有不同的交易策略，所以如何事先找出整個價格狀態，其實很重要。

（1）攻擊：

K 線呈現攻擊狀態時，通常出現在趨勢盤中，K 線會一直不斷挑戰關鍵支撐壓力價格，而這些關鍵突破 K 線也常伴隨著大量跟攻擊力道，最後形成趨勢盤攻擊。

在這種 K 線發動攻擊時，我們就應該順勢交易，追關鍵價格突破，通常在這種 K 線攻擊姿態出現時，善用選擇權價差順勢交易或是純買方。

我們來看看典型的例子：

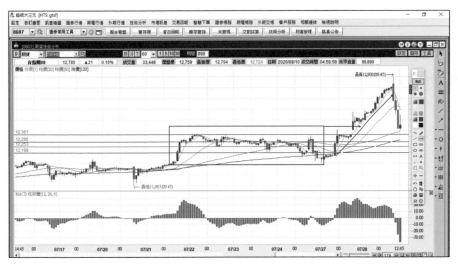

資料來源：凱基大三元

　　從附圖我們看到籃框區，整個盤整區間形成壓力後，盤勢碰到線上的壓力價格屢屢壓回，最後 K 線進入攻擊姿態。除了連續紅 K 跟長紅紅 K，帶成交量，不斷突破壓力價格，這感覺就好像作戰時，指揮官發動攻擊揮軍北上勢如破竹，在這種狀態上最好順勢交易。而回到上述攻擊策略，果然在突破最後壓力價格後，多方行情就噴出了，創造新高的價格趨勢。

（2）轉折—趨勢盤發動的前兆：

　　關鍵特徵是，這種盤利用快速地上下洗刷，讓散戶套單，最後發動趨勢盤整，主力方才有足夠的籌碼燃料，一舉形成多殺多或空殺空的格局。

我們接著來看看這種盤型的案例：

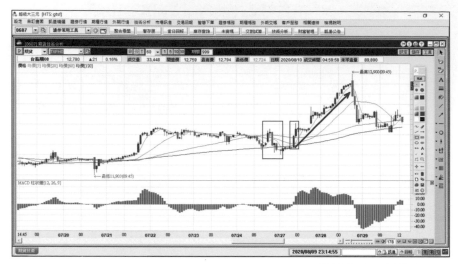

資料來源：凱基大三元

從案例中我們看到，後面趨勢盤噴出的前面籃框位置，相較於前面盤整區的 K 棒都顯得特別長。至於速度就必須透過盤中觀察，你會明顯感受到大盤正走在上漲或下跌的節奏裡，而且比平常快上許多，而這主要就是要讓新手掉入這種快速盤勢波動的陷阱裡，因此這種盤非常適合高賣低買跟區間交易。

（3）休息─盤整：

這種 K 線價格的狀態，通常反應在趨勢盤噴完，並且測高測低完之後。會進入休息盤整狀態，通常休息狀態就是我們做價差單的好時機，等於整個盤從休息要進入到下個趨勢，需要一定的時間去累積。而從下

面這張圖可以看出，大盤噴完之後的多方趨勢盤整，即將進入紅框休息盤整格局。

資料來源：凱基大三元

在整個盤勢裡，每一個狀態都是互相牽引著對方，像是一個循環圖，投過觀察整體 K 線價格的狀態，去挑選出相對應的交易策略。

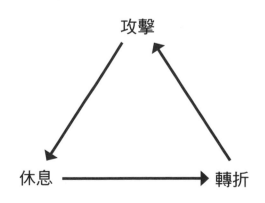

趨勢

趨勢指的就是目前價格的多空方向，這跟盤勢價格狀態之間其實略
有差別。我通常習慣簡單分為強多（一）強多；（二）盤整偏多；（三）
盤整；（四）盤整偏空；（五）強空等五種狀態，而上述這五點指的就
是趨勢。

以下這張圖就是利用 5 日均線跟 20 日均線來判別。首先呢我們先
看到日 K 的部分：

資料來源：凱基大三元

只要日線在五 MA 以上就是強多。跌破五 MA 是轉弱的開始。才
會變成盤整偏多，此時還要搭配 60K 的均線來看。至於初步判斷則是：

1. 日 K、60K 都在 5MA 以上→強多。

2. 日 K 跌破 5MA，在 20MA 以上→盤整偏多。

3. 日 K 在 5MA、20MA 之間，但 60K 率先跌破 20MA →進入盤整多空各半格局。

依照下圖數字顯示，我們可以觀察到圖中的部分日 K 線重新站上五均，+60K 站上五均，行情自然就噴出了。

資料來源：凱基大三元

再舉一例，依照下圖數字顯示，日 K 率先跌破五均，也就是短線轉弱，但仍舊是多方格局，所以，搭配 60K 來看，將會發現價格一直有在測試低點的企圖，但是即便如此，大盤依舊伴隨著測低的攻勢，緩步有買盤進駐，呈現的是一種緩攻的上漲格局。

資料來源：凱基大三元

4.8
跟著市場大人的足跡——主力、法人與籌碼

我們常講主力、法人、籌碼，究竟指的是什麼？

籌碼除了可以看到行情的蛛絲馬跡，最重要的是，研判一個行情的穩健程度，不管是期貨還是選擇權籌碼， 有時候出現價格行情不一樣時，一定需要以下兩大關鍵原因來輔助判讀，一是波動大，二是行情穩健延續性強。

　　籌碼就能觀測這件事情，因爲籌碼是眞實拿錢下去做交易後的結果，雖然有時候，主力也用籌碼來打煙霧彈，因爲他知道散戶會看，卷商業務也都會發給客戶，所以，有時主力會利用這個資訊，來進行誘導。

　　雖然如此，但關鍵在於波動大時，我們只需要知道，最近籌碼調整部位的大小跟目前的留倉量。另外還要關切的是，籌碼的整體量，是有資格發動 趨勢攻擊條件嗎？量大才有肉，無量何必衝，所以，籌碼運用上掌握第一要點。

　　第二，行情穩健、延續性，當今天波段行情發生時，只需要知道主力 是否 有換方向，是否獲利了解，是否還在持續加碼，那就可以知道方向是正確。

　　既然知道主力有這二大指標義意，當然要來了三大法人。通常我們視資金量足以大到影響市場行情的人，稱爲他法人、主力（市場上主要的力道）。像是投信、外資、自營商。就是知名的三大法人。

（1）**投信**。又稱投資信託公司、基金公司，主要是幫助投資人做買賣，收集散戶的資金變成共同基金後，進入市場做交易，交由專業投資人委託代操，散戶收取微薄利息或獲利。

投信偏向 投資 中小企業成長型股票，由於募資的對象都是一般投資人，容易發生的問題就更多，相對的金管會對其管制就會更為嚴格，因此投信看重投資績效表現。跟投顧最大的不同在於，投信負責基金管理操作，投顧則不予理會。

（2）**外資**。台灣以外的金融機構投資人，把國外的錢兌換台幣後，藉由台灣的證卷經紀商來市場上做投資，所以股市長線行情，最常依外資的交易量作為參考。我們也要注意， 台幣匯率升貶值的狀況來做操作，因為外資不可能整天在換錢，而換錢進來台灣， 就一定是要賺錢，所以當台幣 突然升貶值時，行情就十分值得觀察。

（3）**自營商**。用自己公司的資金來做投資交易，不幫客戶進行買賣，所以相對而言對整體市場的影響力較小，除非是大型自營商，資金可是很驚人。但也因為影響較小，多半用來觀察 個股 影響 跟 炒作。大盤方向 就會比較少去運用。而自營商偏向短期操作居多，因為自營商是用公司的錢去操作，投資策略上相對保守。因此，很多時候，都沒把自營商的籌碼，列入大盤走勢的考量。

另外，在整個籌碼部位，最值得關注的就是 外資加十大法人，所謂的十大法人或特法 就是上述的三大法人外，還包括特定法人，包括：證券商（身份碼 H）、外國機構投資人（身份碼 A.B.f）、證券投資信託基金（身份碼 E.G）、國家金融安定基金、公務人員退休撫卹基金、勞工

退休基金、勞工保險基金、郵政儲金匯業局郵政資金（以上身份碼 L）、金融（身份碼 D）及保險機構（身份碼 M）等。

　　在期交所裡網站，有十大特法及三大法人，每日選擇權交易量的統計，這些資料透露這些主力的方向與企圖心，因此，要掌握正確主力市場，一定要每天去查看資料變化，畢竟，跟著市場趨勢走，也是賺錢的重要原則。

資料來源：期交所

善用數據，活化投資技巧

投資市場的最終贏家，勝利要點在人性，不是技術。

市場上很多的投資交易人，總是不停在追尋所謂的「勝盃」，百戰百勝的技巧，預測神準的技術，但是，我必須說，連我自己都會看錯，看不準，那來的「勝盃」？

若眞要認眞視爲「勝盃」，就是數據和交易策略，並且嚴格遵守紀律，是我持之以恆，穩定獲利的最大要素。

數據，前面都提過，都在期交所網站及理財網站看得到，像以選擇權相關的數據，包括：

‧買權、賣權裡面買賣方的佈局跟量能。

‧交易當下到底是買方多，還是賣方多？抑或是買權多，還是賣權多？

‧選擇權的支撐壓力。

另外就是期貨數據：像是法人在期貨的佈局量，影響未來的大盤走勢多與空。以及市場買賣期貨的意願（熱度）、追價意願。最後，則是觀察整個現貨市場的表現，例如：

‧目前類股輪動，資金流向。

‧哪一現股族群帶頭領漲？

‧目前股票市場買氣熱度。

‧主力爆大量位置，其價格意義？

‧主力持倉量。

　　在投資交易之前，你可曾思考：你的多方看法與整體市場數據的是否同向？如果相左，在保護濾網上要做得更多或部位保守；如果同向，能不能勇敢抱單，或設定好 移動停利的位置等。

　　好的交易追求的是紀律跟 交易策略，最後用科學數據去驗證，我的分析文總是用很多觀念技巧，交叉分析比對，找出最高勝率結果，活用一切所學到的技巧與經驗，才是活在市場上的不二法門。

　　很多學生一直不斷找尋各種方法、學新東西、上課，但是始終沒有找到屬於自己的獲利模式，最終他只有帶著「其實我不適合交易」的遺憾而離開市場。其實，與其一直找方法，卻沒有花太多心思在深耕上練習，一項專業技能的養成，本來就不容易，正所謂台上十分鐘 台下十年功，你沒有花時間，是不會有成功的果實。

　　在本篇的最後我要提醒大家，不管對交易策略、方式甚至是學習派系都要花一段時間去好好學習，練好一個技能後，再往下一個去學習，最終會提鍊出屬於自己的交易技法與勝利模式。

多空現貨聽診器——
借力使力，做好選擇權

操作選擇權時，記住起手式一定要先判斷方向，再來決定區間。這二大重點就關係著選擇權究竟要去做買方或是賣方、獲利區間的履約價等等，尤其是本書介紹的適合小資族加薪的價差單策略，更要明確知道多空方向後，尋找深度價外的點位進行架設。

然而，判斷多空方向，又常被初學者視做最難的功課，所以，在初學者傳統技術尚未熟悉，運用上較為生疏情況，建議可以運用坊間專門判斷大盤市場方向的軟體進行輔助。等待技術熟悉時，就可以依照自己的判斷進行交易。畢竟一句老話，「工欲善其事，必先利其器」。

不過，也提醒大家，軟體是快速幫助大家迅速掌握交易市場的資訊，不是絕對的致勝工具，僅提供大家協助、輔助判斷，交易講究是經驗累積，當開始交易時，隨時觀察大盤與選擇權中，不同履約價的點數據化時，更能明白交易市場的變化，培養出自己的盤感時，才是掌握最佳勝利之道。

5.1

理財寶 CMoney——期權先生的投資軟體

對新手而言，過度複雜艱深的看盤軟體，反而容易造成交易上的誤判及錯誤，因此，根據個人經驗，建議尋找輔助軟體，個人一定要懂得如何運用，並且懂得數字的變化。

坊間多種看盤輔助軟體，各有其特色，這裡要介紹的是「期權先生多空聽診器現貨版」，它有分成手機 App 版及電腦版，只要只要看圖和數字，就能明確知道台股大盤的走勢，而去設定下單的方向。

很多人交易期權都以為需要學會一堆技巧才能交易，甚至認為期權是很難的交易商品，沒有經驗完全不要碰，但其實從前面幾章介紹下來，是不是已經發現選擇權沒那麼困難。現在讓我們來進入這軟體體驗看看。

CMoney 期權先生的軟體—大盤現貨聽診器提供二種版面，手機 App 與電腦版，可因應不用族群去使用，下方分別是二種版面的登入方式，大家可以去試試看，接下來會針對如何運用軟體的數據來分析大盤，進行說明，相信大家看完，只要點進去試用，一定能夠領會。

CMoney 期權先生的軟體—大盤現貨聽診器的創作人是期權先生 Andy，在前面我曾提過，他是我進入期權交易世界最重要的人之一，當初因為他的課程帶領我進入交易世界，後來成為合作伙伴。

Andy 本身是統計數理程式工程師出身，對於數據的跳動變化，特

別敏感，加上從讀書階段時，就已經開始進入交易市場，超過十年以上的經驗，讓他開發出超過上百個交易策略的軟體。

多空聽診器之所以值得推薦，因為本身也使用多年，因此，為了讓大家輕鬆入門，快速讓選擇權上手，因此特地在本書第六章，清楚介紹軟體數據與運用，也將提供試用序號，大家記得去多加利用。

多空聽診期 - 手機版 App

資料來源：期權先生

多空聽診期 - 電腦版介面

圖片來源：CMoney

5.2
大盤現貨聽診器──手機版介面說明

看軟體就能賺錢嗎？錯！不一定！

軟體能提供的就是在交易時協助投資人截取資訊，軟體所顯示的數據是真實交易後的結果，你不會太過於靠感覺下單，也不會完全不知市場方向。透過投資軟體提供的交易資訊，是讓新手可以快速上手的一個方式，至少你的起跑點會比別人前面一些，而在脫離新手階段後，再去精進更多的操盤技術，才能讓你的交易績效達到穩定狀態。

接下來我們就來看 App 版的教學說明吧。

　　說到目前現貨市場的交易狀況，以往早期我們在交易時，是要觀察很多個股的狀況，例如前面提到會影響大盤的權重股，這些我們都要個別去觀察，但是這些權重股非常多檔，其實我們一般人根本很難去觀察這些數據，更不用說上班族平常都夠忙了，還要在盤中盯這些數據根本是不可能。例外在股票族群又分為電子、金融、各式各樣類股，這些族群的整體表現，也都代表了整體市場類股輪動資金流向的意義。

　　在此額外補充一個觀念，在股票族群中本來就有分積極型、保守型，所謂的類股輪動指的就是透過觀察市場的資金流向往那些特定的股票族群去走，進而去分辨出目前法人看待股市的心態。

　　為解決這些問題，市場上於是出現了「大盤現貨聽診器」，從軟體的介面我們可以看到再左上角，會先簡易的幫大家做好目前現貨整體市

場的強弱區分。

首先先下載「大盤現貨聽診器」後，再到 App 介面去，並以試用序號登入即可。

App 軟體最上面你們可以看到有：

· 期權聽診表

· 現貨聽診表

介面上有現貨市場（加權）跟期權市場的力道跟方向，並提供你在交易上的協助，一眼就知道市場具體能量。從顏色到能量的行進方向，我們可找到今天進出場的方向跟依據，上班族偷看的好幫手。基本上手機的概念跟電腦數據概念是完全一樣的，差別在於便利性。趨勢盤VS.盤整盤時，你才知道要做買方還是價差單。

首先是分辨顏色及狀態色塊大小，通常綠色代表壓力；色塊愈大，表示壓力愈大。紅色代表支撐；色塊愈大，表示支撐愈強。

手機 App 版 - 空方條件

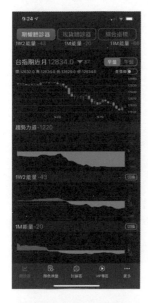

資料來源：期權先生

手機 App 版 - 多方條件

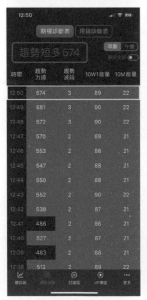

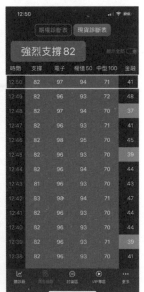

資料來源：期權先生

手機 App 版 - 盤整偏多

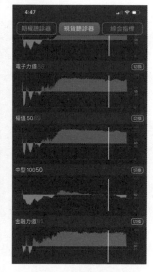

備註：此時的市場能量凌亂，但能量顏色紅色為
多，代表處於偏多盤整格局。
資料來源：期權先生

電腦版 - 能量有紅有綠

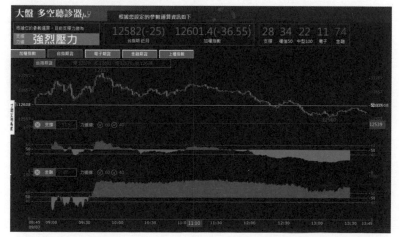

資料來源：期權先生

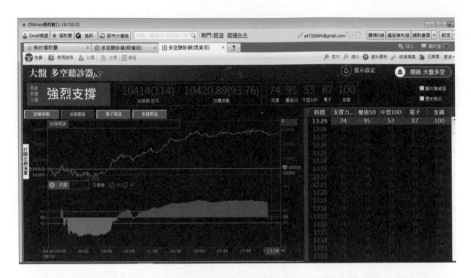

備註：左上角顯示為 2020.07.10 當天的股票市場。
資料來源：期權先生

　　股市通常面臨強烈壓力，當天的加權指數便難以有好的表現，台指期開高走低，這時若有軟體的輔助判斷，可讓我們輕鬆掌握整體股票市場的行情，至少今天不去做多，或是選擇放空策略，確保投資績效不減。例如：

　　·買入賣權

　　·架設買權空頭價差單

資料來源：期權先生

　　再者，大盤若有強烈支撐，期貨指數開低走高，掌握大盤方向後，今天的交易策略則可選擇

　　·買入買權

　　·架設賣權多頭價差單

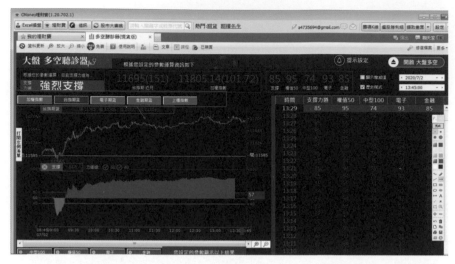

資料來源：期權先生

　　緊接著是，中間的 K 線走勢圖可以因應個人喜好，顯示各種價格走勢，K 線圖都是使用 1 分 K 的走勢，黃線的部分為開盤價格，移動到每

資料來源：期權先生

個 K 線上也都會顯示開高低收。

　　最後則是，大家不妨參考下面對應的整體現貨市場能量表現圖，我給予每個不同族群獨立的分數表現，最後再把它加總成一個總分，作為整個加權市場今日整體表現，並給予分數表準值，做為判斷今天股市強弱程度的依據。

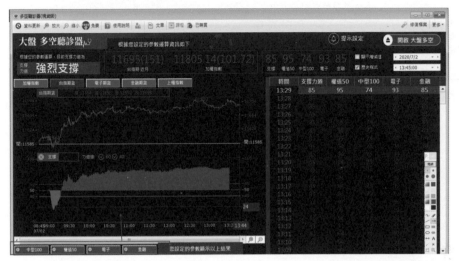

資料來源：期權先生

　　下圖是個別族群的能量表現圖，大家不妨拿來做比較。

　　整體的強弱程度，個別市場的強弱程度，比較出今天是那些族群相對較弱勢，而哪些族群又帶有撐盤的效果。

　　不同族群的漲跌也代表不同意義，透過解讀這些意義找出法人看待盤勢的想法。

資料來源：期權先生

　　最後，不管是前面講到的 K 線型態、技術指標、K 線價格排列，這都是屬於技術分析派常會使用的觀念跟技術。坦白講，技術分析對新手來說肯定是不友善的，必須修習大量的觀念，靠時間累積經驗，雖說軟體不是萬能，但

　　好歹也能夠輔助新手在一開始接觸投資時，快速上手。

　　這也是為什麼我們還是建議，新手一開始在看不懂方向時，務必要透過一些軟體做輔助自己下判斷。當然，軟體不是絕對靠譜，畢竟投資交易就是希望能夠有穩定收益，但無論如何，勤能補拙總沒錯，多多涉獵更多觀念跟技術，讓自己的交易績效更上一層樓，絕對是投資理財的唯一勝盃。

　　與大家共勉之！

後記 1

ACE 的選擇權課—賭博與投資大不同

　　我是 ACE 出生在很平凡的家庭，從小家裡就還蠻常看見長輩賭博、簽賭，因此，小時候對於博弈及數學就非常有概念，也知道用錢再去換更多錢的遊戲，是多麼吸引人。坦白說，我很痛恨賭博，因為自己深受其害，家裡過去曾經因為賭博賺了很多錢，卻也因為賭博，讓我的家走向萬劫不復的下場，大起大落的過程，歷歷在目，在我心中留下深刻的啟發：貪婪的可怕，任何賭徒行為最終都是招致禍患的起源，我也深深意識到，投資跟賭博的差異。

　　很多人問過我，賭博與投資，有什麼差別？

　　賭博，就是在投資過程當中，盲從、只憑感覺、沒有紀律、沒有方法策略，都是賭博的一種，就像是擲硬幣一翻兩瞪眼，輸贏在那一瞬間秒定，下注者完全只能憑藉著幸運之神，萬事依賴早知道。而投資，有依據、策略執行時，有其前因後果，能夠用結果證明、有長時間回測去證實，加上策略跟紀律，輸贏的成分結果，變成是可以掌握，這就是投資技術。

　　因為成長過程的慘痛經驗，讓我非常痛恨賭博行為，但是我知道，必須在賭博跟投資之間做出差異，從歷史慘痛經驗吸取教訓後，轉化成我的養分後，重新站起來。這就是我投入投資市場的最大原因，前人做

不到的事情，我 ACE 做得到。

　　投資與賭博僅一線之隔，以期貨來說，原本有策略的投資過程，很多人卻輸給不服輸，不認錯的情緒，不願意停損情況下，造成嚴重損失，這是俗稱的凹單，凹單、逞強這其實是賭博，因為失去了規則。一線之隔，一不小心自信過頭就是凹單。所以最重要的一件事，投資是透過紀律去執行，每次都要回測、檢討、重新分析定義，如此，才能成為真正的投資者，而不是賭徒。

　　當初，很多朋友聽到我在操作期貨與選擇權，都會說，那不就是賭博嗎？我都一笑置之，任何事物你不了解的全部都是賭博，唯有你能掌握的才叫技術。

　　所以你不懂煮菜，但叫你去煮飯，這就是賭博。

　　你考試沒唸書，看到答案就亂選，這就是賭博

　　你投票選舉，沒有研究過政見跟候選人就聽朋友講說誰誰好，這就是賭博。我們生活中充斥著賭博行為，甚至每天都在發生，只是傷害大小的不同，所以，生活中對於每件事情，在投資上影響我最大的就是，尋求答案並證實的精神，因為我是教投資的老師 ACE。

ACE 遇見加油站的蘇格拉底

　　從學生時期打工賺學費時就知道，在現今這個社會想要致富、翻轉人生唯有投資、創業兩條路可以選擇。因為，當我看見我父母忠心為一家企業打拼 20 幾年後，薪水依舊低廉時，就知道領死薪水是萬萬不可的事情。

　　離開大學的第一年，決心進入金融業學習，開始踏上投資理財這條路，因爲沒有金融相關背景，所以從入門門檻最低的保險業開始做起，當時，我們這個保險體系，專做投資理財規劃，兩年多來我未曾賣過任何傳統保障型、健康型保險，通通以賣儲蓄險、投資型保單爲主，這也讓我對整個基金市場、總體經濟、稅務規劃有了很好的基礎。

　　那時候的我，全力拚工作，每天沒日沒夜，假日也都去公司工作，很快的成爲主管，成立自己的組織，業績做到團隊第一，第一年的年收入就是破百萬，但很快的保險的投資資訊跟學習，已滿足不了我，於是在銀行轉型時跳到銀行業，更全面的接觸基金投資、債卷、IPO 專案、貸款等。就在這個時候，正式接觸股票、期貨交易。

　　2016 年因爲卷商邀請參加免費講座認識了「期權先生」，並對於期貨、選擇權有了更深的認識，於是立即報名全職操盤手班，開啓了我的全職操盤之路。

　　當時完全不懂得風險考量的我，在上完課後，就毅然決然的拿了離職信，立志想要當一個全職操盤手，那時候在銀行年收入破百萬，主管高層一片看好我的前途與未來發展，皆勸我不要貿然離開，還告訴我投資市場的困難之處。只是當時年輕氣盛的我，聽不下任何的建議與勸阻，於是，我在最輝煌的時候離開了銀行，妄想著從此靠操盤財富自由，果然，新手運延續不了多久，很快的，一年內我就賠掉 300 多萬，也就是把銀行工作三年來，辛辛苦苦存的積蓄全賠光，所剩無幾。

　　就當我開始懷疑當初操盤投資這條路是不是對的同時，我遇見了一個交易前輩，瞬間打通我一直以來的盲點，他是一位做傳統技術分析的

投資前輩，是一個普通交易素人，說來這緣分也是非常奇特，情景過程如同《深夜加油站遇見蘇格拉底》書中感覺，一席的對話後，引導我正式進入技術分析。

傳統技術分析誰不知道？但是這位前輩卻將整個傳統技術分析的用法跟思維，帶領我走向一個很高的境界，解開很多以前在使用傳統技術分析的盲點，最重要的是，他告訴我，投資市場上的任何資訊都會騙人，唯有價格才是真理，價格是真實交易後的結果。

這位前輩交易台指期已經四十多年，他下單還是用電話下單，非常復古那種，每天都把 K 線走勢用筆畫下來研究，很多裸 K 的養成，都在當時奠定了很好的基礎，當時自己瞬間好像拿到九陽神功似的，把交易市場的技術，很快的學會，後來當我再回來，看見期權先生量化分析那一套後，整個看法截然不同，看的角度也不同。

從那時候開始，我閱讀大量書籍，潛心研究交易，將量化分析跟傳統技術分析做了結合，最終找到自己的交易聖杯。這樣一個轉變，讓我脫胎換骨似，交易時變得能夠穩定穫利，這點我在「盤中實戰班」直接操盤給同學看，多達二十多場，沒有一次漏氣，沒有一次失誤，同學常說 ACE 好神，但是，我想要說，這世界上沒有神，因為必須一步一步走過來，只要努力學習研究，並嚴格遵守規則，才可以戰勝這個市場。

當初離開銀行界時，碰到不被看好、冷嘲熱諷的情景，畢竟一個超級業務員不做，去選擇一個高風險的夢，加上，很多人都夢想靠交易致富，但能做到又有幾人，更不用說，別人聽到你做期貨、選擇權，更是嚇個半死，唱衰。

但我覺得年輕就這一回，任何業務工作都可以 30 歲在做，但是人生夢想又能做幾次。所以我選擇拼命到底，當時，我給了自己一個停損點，只要所有積蓄輸光，我就回去金融業上班。還好，我順利達到我的夢想，全職操盤順利後，開始將交易的心得寫出來，發表漫步財經專欄，並且，在各大財經平台上分享知識跟投稿，很快累積大量粉絲閱讀我的文章。

或許因為我是一步步從散戶變成職業操盤手，非常懂得散戶的心態，更懂得小資金操作方式，我知道市場上很多前輩的交易經驗比我豐富，操作資金也比我大，但我常跟我學生分享，學生來學習交易，是要讓自己能夠有能力透過交易賺錢，而不是來看老師表演，重要的是學生賺到錢。

大家都該知道，好球員不一定是好教練，好的交易員跟操盤手，不見得是一個好老師，多數老師會以為，反正我這樣做就賺錢，學生跟著做也會賺錢，但實際上並非如此，每個人狀況都不同。因此，我的教學是希望學生透過交易的本質，眞眞實實去學習投資理財。

後記 2
由我獨享的選擇權加薪術

誰說一定要經過大輸後，才能去啓蒙、開悟學習投資？

坊間有很多的理財專家老師們，當他們在分享走向專家之路時，總會提到自己失敗虧損嚴重的歷史經驗與教訓，彷彿想要成功在投資市場穫利，都需要經過超大的挫折後，才能成長茁壯成一棵超強大樹，所以才能來寫書教課。

我個人不這麼認爲。

以我個人來說，過去的工作經驗到生活經歷等，身邊有很多投資股票、操作期貨的人，但是，雖然常聽他們在討論投資股票的經驗，終究沒有吸引我的加入。人生惟一的投資股票的時期，反而是在家人的鼓動下，居然相信名人傳說的「明牌股」，進場大買特買後，住進套房後，就置之不理它，任它自生自滅。從那時候起，我對投資股市更加沒有興趣，就算期間又遇上任何技術名師，甚至號稱獲利高，勝算高等等，坦白說，我心中的喃喃自語是：「這麼利害，去靠投資賺錢就好，開課做什麼呢？」後來，第一時間接觸選擇權時，依舊興趣缺缺，但這位專門在教選擇權的教練，南部有名的「亞當」教練，清楚知道我過去「不爽」的投資經驗後，依舊很有耐心，以「釣魚投資心法」引導，甚至一步一步的讓我認識選擇權。

但是，會操作選擇權了，真的能夠賺很多錢，連工作都不幹了嗎？絕對錯！

現在很多的投資教學課程，無論是股票當沖、期貨操作、選擇權等等，廣告打的凶，強調的是獲利多麼的高，操作多麼的容易，PO 出的帳單，獲利一張筆一張多，但是，大家看到帳單時，可曾想過，這些帳單是經過背後多少的成本代價、風險、投入的學習努力等等，才會得到的成果。

我的教練一開始也沒有告訴我這些，但他也沒有畫出大餅給我，只要求我一個步 一個步 的學習交易選擇權，並去觀察其中的變化。當教練啓蒙後，接下來的學習，我靠的是自己去看書學習，並且在實務上去操作比對，從一開始選擇權可運用的策略，再到必須學習去判讀大盤及台指期的走勢，由淺入深，由簡入難。只是這一些，遠距離的教練，是無法時時在旁指導，就算是付出再高的學費。

投資的心法，最好的投資策略，每個人不同，尤其是操作選擇權，因爲它可靈活運用，依據個人可承受之壓力及資金成本考量等等，都有不同策略，但重點在，你必須學習吸收，並且延伸出屬於自己的投資操作心法。但是，終究可以有個基本入門心法，可供學習，那就是這本書的起源，我稱它爲「選擇權加薪術」。

「選擇權加薪術」，因爲是加薪，所以三低，風險要低，成本要低，賺得也低。但卻是可以周周收小錢，貼補咖啡錢、便當錢、甚至是二客平價牛排。依我個人經驗，當在學習新的投資時，若能從小獲利開始，我們會更加有信心，有興趣，也就更有動力去進一步的研究與學習。而

既然是加薪術，必要條件，要保有工作，所以，不需要盯盤，晚上可以睡得著，不必時時掛心等等。這樣才能工作與加薪的兼職同時顧及。

我個人在實務操作半年的選擇權之後，發現很適合上班族的加薪術，所以才會起心動念的寫書來分享經驗。而為了讓書更加周全，找來目前業界裡最強最年輕的講師 ACE 一起來合作。

書中有我個人，以小資族及初學者的學習心路歷程，可能遇到的盲點迷惑處，都會一一說明，在 ACE 老師精闢的教學內容，讓大家彷彿帶了貼身教練在身邊似的。無論學習任何一項技能，你必須學中做，做中學，才會明白 中滋味及精髓。選擇權也是同樣道理。一路的操作走來，我也與家人、朋友分享相關的經驗值，也得到很好的迴響。

「選擇權加薪術」其實是保守的，因為我不想給你過度的想像，過大的夢想，期待愈大，失望傷害也會愈大，加薪這個微小心願，你可以付出小小努力就會得到小小回報。而當你把加薪術練好，自然能夠放大選擇權的獲利方式，那麼就不會只是加薪術，先把複雜的事情簡單化，再把簡單化的事情重覆做時，這是朝向專家之路，也是進階之路，期待大家都能從「選擇權加薪術」開始。

選擇權的文場賭性

台灣把賭博分成文場、武場，這是以賭博種類的特性去區分而來。所謂的武場，簡單來說，就是一翻二瞪眼，立即定輸贏。像是擲骰子、天九牌等等，當莊家把牌發下時，賭客拿到牌具時，一翻開就知道輸贏，有一定的排列組合與大小陳列，無法因為賭客的調整排列順序而有所改

變賭博結果，這就是武場。賭性就是快速、直接、勝負很快。

另外，文場的賭性，則是它可以依照牌面觀察到的情況，及莊家的牌型等，賭客可選擇進與退，採取不同的策略或是組合，退可能是少輸或是不輸，也可以攻擊。就像是麻將、排七、撿紅點等等。而在投資市場來說，期貨的賭性較屬於武場，賭期貨指數的方向，多或者空方等，下對了方向賺錢，下錯方向賠錢，只是差別在停利與停損。

相對的，選擇權的賭性，較屬於文場，它有買方賣方的策略單可以運用，也能隨著大盤走勢去布局，去考量排列組合，而且當發生虧損時，還能進行調單，甚至可能把做錯賠錢的交易，變成賺錢的交易，這種零活運用的策略單，正是選擇權最佳的特性。

投資門檻低，賺錢超輕鬆

選擇權的文場賭性，以小賭大其實就能成為上班小資族，做為幫自己加薪的一個好工具。選擇權的投資入門檻很低，舉例來說，一口買方的深度價外點數，可能從百元以內就有，你都能參與，但重點在能不能獲利。就像在買彩券，你可以用 50 元去買 539 彩券，從 39 個號碼裡找出 5 個號碼下注，天天開獎，獎金最高八百萬元。當然，也可以同樣是 50 元買大樂透，獎金最高一億元。但只要沒中獎，就是歸零變廢紙。以小賭大是選擇權的賭性，以 50 元買到一口單，只是通常也是歸零。

買方以 50 元可做為入門檻，但賣方則以 2,500 元為最低門檻，這二種交易特質不同，獲利比例也不同，試問，50 元，甚至是 2,500 元，你可以買到一支賺錢的股票嗎？ 2,500 元的投資成本，可能都比你現在手

上那支手機，或是身上穿的衣服包包便宜。另外的重點在於，資金成本都很低，風險也僅止於此，就像樂透彩券開獎後，你的損失就是買彩券的錢 50 元，而以上述的來說，買方的入門檻 50 元，及賣方 2,500 元，就是分別的損失，是不是比起投資股票來說，容易許多，小資上班族都能夠參與。

有耐心卻不貪心，加薪有希望

選擇權是槓桿大的投資工具，也正因為如此，才能成為小資上班族幫自己的加薪工具，再加上，現在的下單軟體，都有手機可以下載，簡單輕鬆就用手機下單操作，天天滑手機，滑不出人生康莊大道，但是，學習用手機投資選擇權，卻有機會滑出人生不同的道路。

簡單來說，若你可以去花時間打工，每小時賺 160 元的時數鐘點費，何不花點時間學習選擇權，來為自己賺取更高的鐘點費呢？至於真要說選擇權賭性的缺點，正是因為它的策略、交易種類多，所以，總讓初學者學的是一頭霧水，摸不著頭緒，很容易就放棄，但一旦你懂了選擇權的精髓後，這個缺點就成了獲勝最大優點，每周運用自己的策略，可選擇不同的下單方式，獲利也會大不同。所以，就從這本書開始學習選擇權，來幫自己加薪。但是，除了資金成本考量外，還有二樣要求，就是耐心與不貪心。

選擇權有其固定的結算日期，惟有在結算日期時，才是最後的勝負，因此，你需要耐心去等待你的交易完成，實踐獲利，另外，當你學會時，總會想往獲利高的策略去交易，記住，天下沒有白吃的午餐，獲

利高自然風險高，那自然不會是這時候的策略，選擇權加薪術，就是要讓我們可以每周穩定加薪，收錢進口袋，所以，不能貪心，看到錢少而不屑，這可不行喔。

　　或許你現在弄不清楚所指的二心為何，等到你讀完這本書，並且真實進場操作時，記住耐心及不貪心，一定能夠成功的為自己加薪。

致謝

投資這麼好賺，為何還要出書、開課？

　　很多人會問：「投資這麼好賺，為什麼要出書、開課？」

　　每次我聽到這句話都會不經意地笑，因為不可否認的是，當你問出這句話的時候，我就會覺得人生追求的水平不一樣，不可否認的是，現在訪間很多素人老師出來開課，難免讓現在人充滿了懷疑。

　　我想說的是，難道打得好的球員，就不能當教練，菜煮的好吃的，就不用帶師徒，任何技藝，你都希望能夠傳承下去，並把你認為好的精神、技術流傳回饋於後代，後代學習後，甚至可以精進、融合、改良，感覺就像是學派的擴展，而這就是人類進化史，如此偉大的原因。

　　我也希望我的交易觀點、技術，能夠得到很好的延續，最重要的是，人應該懷抱夢想、理想，影響世界的藍圖，就算離開世界，精神還是可以傳承，也因此，教學帶給我的成就感，來自於看見不會交易的人，學會交易了，原本賠錢的同學，開始賺錢了，每天都收到學生們滿滿的感謝，那是我用我自己棉薄之力，幫助身邊周遭的人的證明，教課讓我感受到，在這個技術上除了賺錢本身，還能得到更多超越錢的價值與成就感。

　　其實，在交易投資市場上，我看到得很多比我成功跟卓越的前輩，他們都是很願意去分享自己的技術。大家都一樣，當看到身邊的人成功，

也過得好時，都會很開心。此外，教學真的比投資好賺嗎？其實不然喔，因為我的學生上完課後，我在意每個人的學習狀況結果，天天盯著同學交易成長，相互檢討，甚至分享彼此的生活，這些都是一個單純交易者所無法擁有的。

我的母親一直告訴我，人生除了賺錢，更嚮往成功人的品德跟境界，當初受到前輩幫助與提攜，也該回饋自己的能力給社會，要把健全的心態及正循環力量給傳承下去。

這幾年我開始創業，投資各種副業，朋友都知道，學生時期的我，對於跳舞的熱愛，卻因生活壓力無法延續，對跳舞的遺憾，讓我理解到人終究是沒辦法事事求完美，我還是必須投降面對自己失敗的時候，也知道什麼叫做停損。　現在的我，用不同的面向支持所愛的文化，像支持舞蹈活動，成立公益團體回饋社會，其實有時候就算自己不是其中的一份子，依舊可以為這個環境帶來影響，如果你不能跳舞，但是可以支持街舞活動，贊助分享。

長保心中光明，天生我才必有用

有句話是我的左右銘：「常保心中的光明，因為你永遠不知道自己何時會照亮他人心中的光。」我的舞蹈啟蒙老師一德，就是如此的一個人。我後來生命中的一切經歷，是要讓我們學習到，如何成為一個好的人，對世界有幫助的人。

我很常問自己來到這個世界，能留下什麼？能做些什麼？最終我開始教學，創辦 ACE 金融投資學院，打造一整個交易經驗分享課程，交

易資訊軟體工具開發，希望透過自身經歷，帶給還在投資市場掙扎的散戶，一點幫助，也讓還沒接觸市場的新手們，能夠有好的起跑線。

我的 ACE 榮耀投資學院，有不同的學習管道，不管是 YOUTUBE，各種交易輔助軟體的開發，也培訓很多交易的徒弟出來，透過很多免費方式想要去讓更多人可以認識交易，榮耀台灣金融投資，畢竟金融投資一直都是家裡家長沒教的，學校老師沒教的，只能透過自己的學習跟摸索。我一直希望這種正統金融可以更普及，國人的金融投資觀念可以更好。

現在，我也成立電商、行銷媒體公司、除了在財經領域上，也創辦狂人線上課程學習平台，去幫助更多各行各業領域的專才、職人能夠被這個世界看見，他們優秀的技術能被傳承，我們常講高手在民間，這些人是社會的寶藏等待大家去發現！

從我的自身故事看來，你們能完全看出，我是扎扎實實的散戶出身，也已經教導過上千位的學生，很多人已經能夠在市場上穩定獲利。

有人想問：「難道看過這本書，上過 ACE 的課，就一定能投資賺錢嗎？」

我的答案是，不一定。每個學生都有自己的個性，及交易習慣，人是變化多端的，但我能肯定的一句話是，沒有學不會，只有不想學，只要你想學、願意放下自己改變，我一定全力以赴陪伴你成長。

投資 300 萬的失敗經驗，造就現在的我，現在翻開這本書，來上我的課程，你可以避開 300 萬損失風險，這是我可以給你的保證。

你說虧損 300 萬到現在，我賺了多少？

我賺到了每一個學生感恩的心。

我賺到學生成長的成就感。

我賺到我來到這個世界上的生命價值。

感謝引導我們走向投資之路的貴人們

人生沒有如果，只有結果與後果；人生也沒有早知道，所以，生命中的一切際遇與過程，都是成就現在我們的精華所在，這跟交易一樣，當我們學會以選擇權做為養活自己的能力時，要回頭去 謝，帶領我們走上這條路的貴人，因為有貴人，讓我們懂得在人生路上，學得投資理財的一技之長，終身受用，還能傳家傳世。

在交易上，我要特別感謝交易前輩陳老先生，說來有趣，直到現在我還不知道他的名字，我和陳老先生的故事，真的很像武俠小說劇本，男主角都是在人生際遇最悲慘時遇見隱士高人，將一身所學傳授給男主角，最後男主角成為武林至尊。

我記得剛開始交易的前半年，真的賠到脫褲子，短短六個月賠掉300 多萬元，後來，在一個咖啡廳裡，老闆告訴我，這位老先生每天都在咖啡廳看盤，是交易經驗長達四十年以上的交易者。後來，老闆也開始跟他請教交易賺了不少錢，才推薦我去跟他學習。

坦白說，一開始不以為意心想，反正都輸成這樣了，去看看也沒甚麼大不了的，不過，老先生很特別，一週只會教導咖啡廳老闆一次，其他時間謝絕別人打擾，就這樣我天天去，也只能等待。

直到有一天，老先生終於邀請我去他的操盤室，那時候開始就潛心

跟著老先生學習，當時老先生完全沒有收過任何一筆費用，卻全心全力教導，這也是讓我在教學上，一直堅持以人為本的精神，希望能夠傳承老先生的精神。記得在學習三個月後，我的交易開始賺錢，而且是非常穩定賺錢，當時老先生很開心的再教授我一句話，老先生說：「在期貨市場先求活下來再說！」這句話也是我常跟學生說的。

老先生說，交易四十多年，看過很多大起大落，很多人來了又離開，他之所以能做到現在，一直是如履薄冰。

我問老先生：「師傅你這麼會賺為什麼不放多點錢？為什麼不交易次數多一點，出手多一點，就賺多一點錢？」

現在很多學生也這樣問我時，都會讓我想起這段往事，對於我來說，不管勝率再高、再有自信，我都一樣，保持堅守紀律，因為如此，才能持之以恆。

本書特地感謝陳老先生教我的一切，讓我可以光榮的站在這個位置上。

另外，也要感謝期權先生 ANDY，他是引領我進入期權市場的第一人，說來好笑，當初上完課後，我才發現他是程式、量化交易的專家，但在我剛踏入市場時，哪懂這些，當時很排斥量化交易。後來，當我學好傳統技術分析的時候，回過頭看量化分析，才知道原來這是一個大寶藏。傳統分析欠缺的，量化交易可以互補，這是成為職業操盤手，拿到獲利聖杯的大關鍵，後來離開老先生出山後，開始跟 ANDY 學習量化交易到合作開課，踏上金融講師這條路，ＡＮＤＹ是非常重要的推手。

最後要感謝我的母親，一路上的支持，感謝她忍住委屈與辛苦，堅

持守住家庭，一路上，不管做甚麼事情，媽媽都會對我說，「只要是你想做的你就去做，雖然媽媽不能在經濟上、人脈上、背景上提供協助，但是你累了、想回家了，我都會在這裡，當你的避風港跟後盾！」這一路來，感謝媽媽的信任與支持，所以人生的第一本書，我特別感謝媽媽。

我想一條路一個人走，很難走的久遠，現在我有 ANDY 團隊陪著一起努力前進，有老先生的靈魂，陪著我傳承技藝，還有媽媽的愛支持著，我會更加努力去傳承他們給我的愛與力量，這就是我榮耀 K 線的精神。

識財經 28

小資族的選擇權加薪術

作　　者　ACE 彭俊睿、許湘庭
封面攝影　石吉弘
視覺設計　徐思文
主　　編　林憶純
行銷企劃　王綾翊

第五編輯部總監　梁芳春
董 事 長　趙政岷
出 版 者　時報文化出版企業股份有限公司
　　　　　108019 台北市和平西路三段 240 號
　　　　　發行專線—（02）2306-6842
　　　　　讀者服務專線— 0800-231-705、（02）2304-7103
　　　　　讀者服務傳真—（02）2304-6858
　　　　　郵撥— 19344724 時報文化出版公司
　　　　　信箱— 10899 台北華江橋郵局第 99 信箱
時報悅讀網　http://www.readingtimes.com.tw
法律顧問　理律法律事務所 陳長文律師、李念祖律師
印　　刷　勁達印刷有限公司
初版一刷　2020 年 12 月 18 日
定　　價　新台幣 380 元

（缺頁或破損的書，請寄回更換）

時報文化出版公司成立於一九七五年，
並於一九九九年股票上櫃公開發行，於二〇〇八年脫離中時集團非屬旺中，
以「尊重智慧與創意的文化事業」為信念。

小資族的選擇權加薪術 / ACE 彭俊睿、許
湘庭作 . --初版 . — 臺北市：時報文化，
2021.01
　　192 面；17*23 公分
　　ISBN 978-957-13-8396-5（平裝）
1. 股票投資 2. 投資技術 3. 投資分析
　　563.53　　　109014701

ISBN　978-957-13-8396-5
Printed in Taiwan